HAY UNA SOPA PARA TI

HAY UNA SOPA PARA TI

Theresa von Wangenheim

Traducción de
Nieves Cumbreras

RBA

CONTENIDO

La sopa y <u>todas</u> sus variantes me han acompañado la mayor parte de mi vida (no, mamá, <u>no</u> es una fase sin más).

Cuando era <u>niña</u>, sopa de letras. En cuanto pillaba un resfriado, sopa de pollo con fideos. Si hacía calor en verano, gazpacho directamente de la botella.

Para curar una <u>buena resaca</u>, un tazón de pho <u>descomunal</u>.

La sopa es reparadora, nutritiva... mágica.

Aunque la sopa me ha gustado toda la vida, la cosa se puso seria cuando, en 2018, la casera del destartalado apartamento en el que vivía, en pleno centro de Manhattan, me informó de que, por cuestiones de seguridad, cortarían el suministro de gas del edificio hasta nuevo aviso. Por delante me esperaba un gélido invierno neoyorquino sin cocina ni horno, solo una placa eléctrica y mucha imaginación. Me vinieron a la mente muchos refranes: que si a mal tiempo, buena cara; que si el hambre agudiza el ingenio... A partir de ese día, me pasé un año entero improvisando con una olla y una batidora (y con un montón de amigos que me ofrecían cocinar para ellos en su casa, en cuya cocina no faltaba de nada). Y así nació mi página de Instagram, ssssssoupsssss.

Quien diga que no le gusta la sopa, o bien no ha probado una en condiciones o bien tiene el recuerdo traumático de algún guiso pringoso o un plato de verduras grises flotando en un caldo insípido.

Lo bueno es que el mundo de la sopa es increíblemente rico y diverso, lo que quiere decir que hay una sopa para ti, independientemente de tus gustos.

Los que dicen que la sopa no es una comida de verdad... ¡se equivocan! La clave está en el acompañamiento. La sopa necesita sus complementos para resplandecer: su chorrito de aceite, sus toppings crujientes, su pan suave y esponjoso para mojar o sus crackers. Este libro te enseñará a hacerlos paso a paso.

A diferencia de la mayoría de los libros de cocina, este no está organizado según la estación, los ingredientes, la dieta ni el tiempo de elaboración, sino según cómo te encuentres y la situación. Sopas improvisadas, sopas pensadas para impresionar a los demás, sopas reconfortantes, sopas con ingredientes de temporada, sopas curativas, sopas refrescantes y sopas para satisfacer tu espíritu viajero.

La sopa tiene muchas posibilidades: puede ser económica y sencilla, fastuosa y lujosa, un entrante o un plato principal o, mejor aún, todo eso junto.

Te encuentres en el momento que te encuentres... te prometo que hay una sopa para ti.

Las reglas de la sopa

1
La mayoría de las sopas se elaboran con unos ingredientes básicos:

Grasa + aliáceas + especias + verduras/proteínas/cereales/legumbres + caldo + toppings = SOPA

2
No escatimes en grasas (aceite de oliva, mantequilla), aliáceas (ajo, cebolla) ni especias/aromáticos (sal, pimienta, guindilla).

Son los héroes anónimos de una buena sopa, ya que realzan y potencian el sabor de los protagonistas del plato.

3
No quiero parecer pedante, pero hacer una sopa es un arte, no una ciencia.

Esto significa que las medidas son subjetivas y que pueden/deben ajustarse a tu gusto: menos caldo si quieres hacer una sopa más espesa, más guindilla si te gusta el picante, col rizada en lugar de espinacas si es lo único que tienes a mano, etcétera.

4
¡La sopa lo perdona todo!

Las verduras se pueden cambiar unas por otras, los tipos de caldo se pueden modificar y las cantidades se pueden aumentar o reducir sin problema. Si no se corre ningún riesgo, ¿dónde está la gracia? ¡Las reglas están para romperlas!

5
¡Todo a la cazuela!

¿Estás haciendo una minestrone y te han sobrado unas zanahorias o unas espinacas que están a punto de echarse a perder? Échalas. ¿Asaste un pollo anoche? Haz un buen caldo hoy. La sopa es pura cocina de aprovechamiento.

6
Las batidoras de mano sirven perfectamente,

pero una batidora de vaso, a velocidad alta, te ofrecerá la posibilidad de hacer sopas más suaves y con mejor aspecto.

7
El concentrado de huesos necesita mucho tiempo de cocción; el caldo de carne necesita menos tiempo.

En aras de la coherencia, utilizo el término «caldo» en todas mis recetas, incluso en las hechas con verduras.

8
Si vas a cocinar en grandes cantidades o con antelación,

deja que la sopa se enfríe a temperatura ambiente, pásala a un recipiente hermético y guárdala en el frigorífico. La mayoría de las sopas se conservan unos tres o cuatro días, pero si no lo tienes claro, ¡fíate de tus ojos y de tu nariz! A mí me encanta congelar los caldos y las sopas sobrantes en porciones individuales utilizando bolsas de autocierre. ¡Ya verás cómo lo agradecerás cuando vuelvas de pasar el fin de semana fuera!

9
Procura tener el frigorífico y la despensa bien surtidos:

GRASAS: aceite de oliva, mantequilla, aceite de coco.
ALIÁCEAS: cebollas, chalotas, ajo.
ESPECIAS: sal, pimienta negra, guindilla, jengibre, comino.
HIERBAS PROVENZALES: romero, tomillo, laurel.
HIERBAS AROMÁTICAS: cilantro, perejil, eneldo, menta, albahaca.
PRODUCTOS FRESCOS: limones y limas, verduras de temporada.
LATAS, TARROS Y PRODUCTOS SECOS: anchoas, alubias y garbanzos, tomate triturado, leche de coco, arroz, pasta, cereales.

CAPÍTULO 1

A veces no tienes tiempo, a veces
te faltan utensilios, a veces te faltan
ingredientes frescos y a veces no
tienes ganas.

Este capítulo está dedicado a las
sopas improvisadas.

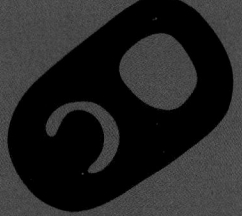

SOPA DECONSTRUIDA DE PUERRO Y PATATA

¿Quién dijo que la típica sopa de puerros y patatas tiene que hacerse puré? A veces, cada ingrediente por separado puede estar tan delicioso como cuando los mezclas.

INGREDIENTES
4 raciones

300 g (2 tazas) de patatas ratte peladas

2 cdas. de aceite de oliva

2 puerros, las partes blanca y verde claro, picados en trozos grandes

1 litro (4 tazas) de caldo de pollo (páginas 154-159)

Sal

PARA SERVIR

125 g (½ taza) de nata fresca

Un puñado de cebollino fresco, picado

1

Lleva agua con sal a ebullición en una cacerola y cuece en ella las patatas durante unos 15 minutos, hasta que estén blandas. Escúrrelas y córtalas en trozos del tamaño de un bocado.

2

En una cacerola aparte, calienta el aceite de oliva a fuego lento y saltea los puerros durante unos 5 minutos, con cuidado de que no se quemen.

3

Cuando los puerros estén tiernos, vierte el caldo, añade las patatas cocidas y mantén al fuego el tiempo suficiente para que se caliente todo.

4

Reparte la sopa en cuatro cuencos y añade a cada uno una cucharada de nata fresca y el cebollino picado.

RAMEN MEJORADO

CONVIÉRTELO EN UN PLATO DE VERDAD

En caso de apuro, un sencillo paquete de ramen se puede animar con un puñado de hierbas, un chorrito de salsa ponzu y un huevo pasado por agua.

INGREDIENTES
1 ración

1 paquete de ramen instantáneo (del sabor que prefieras)

2 cdas. de ponzu

PARA SERVIR

Un puñadito de hierbas picadas en trozos grandes (como perejil, cilantro, eneldo, menta o cebollino)

½ chalota picada fina

2 cdas. de aceite de sésamo

Zumo de ½ limón

1 huevo pasado por agua

1

En un cuenco pequeño, mezcla las hierbas, la chalota, el aceite de sésamo y el zumo de limón. Reserva.

2

Cuece los fideos ramen siguiendo las instrucciones del paquete y pásalos a un bol. Vierte la salsa ponzu y mezcla bien.

3

Pela con cuidado el huevo pasado por agua, córtalo por la mitad y colócalo encima de los fideos. Adereza con la mezcla de hierbas.

SOPA DE ZANAHORIA Y COMINO

CON GARBANZOS
CON ZA'ATAR

Esta sopa está lista en menos de media hora, es muy nutritiva, sabrosa y está repleta de vitaminas.

INGREDIENTES

4 raciones

1 cda. de aceite de coco

1 cebolla grande finamente picada

2 dientes de ajo picados

1 cda. de comino molido

Una pizca de sal

5 zanahorias grandes (unos 550 g), picadas

750 ml-1 litro (3-4 tazas) de caldo de verduras (página 162)

1 lata de 400 ml de leche de coco

PARA SERVIR

330 g (2 tazas) de garbanzos cocidos

2 cdas. de aceite de oliva, más un chorrito para servir

2 cdas. de za'atar

7 g (¼ taza) de perejil picado

1

Calienta el aceite de coco en una sartén a fuego medio y añade la cebolla, el ajo, el comino y una pizca de sal. Rehoga durante unos 5 minutos, hasta que desprenda aroma.

2

Añade las zanahorias y 750 ml de caldo. Baja el fuego, tapa y cuece suavemente durante 15 minutos, hasta que las zanahorias estén tiernas.

3

Mientras tanto, prepara los garbanzos. En un bol, mezcla los garbanzos con el aceite de oliva y el za'atar (una mezcla de especias y hierbas aromáticas originaria de Oriente Medio que suele estar compuesta, entre otras especias, de tomillo, orégano y sésamo), removiendo hasta que los garbanzos queden bien cubiertos. Reserva hasta el momento de servir.

4

Vierte la leche de coco a la sopa y hazla puré con una batidora de mano o de vaso. Agrega el caldo restante según sea necesario hasta alcanzar el espesor deseado.

5

Reparte la sopa en cuatro cuencos y añade una cucharada de garbanzos, un chorrito de aceite de oliva y perejil picado.

SOPA FÁCIL DE MISO Y SETAS

¡Alerta umami!

Esta sopa se prepara en solo 25 minutos, pero como va caramelizada, parece que la haya cocinado un experto durante horas.

INGREDIENTES

4 raciones

4 cdas. de aceite de oliva

2 chalotas finamente picadas

2 dientes de ajo picados

3 cdas. de pasta de miso

750 g de champiñones portobello, picados en trozos grandes

750 ml (3 tazas) de caldo de verduras o de champiñones (páginas 162 y 168), más si es necesario

Sal y pimienta negra recién molida, al gusto

PARA SERVIR

Un puñado de hierbas picadas (como eneldo, cebollino y perejil)

Aceite de oliva virgen extra

1

Calienta 2 cucharadas de aceite en una sartén a fuego medio-alto, añade las chalotas y rehógalas durante 5 minutos o hasta que estén blandas y transparentes.

2

Añade el ajo, la pasta de miso y el aceite restante y continúa rehogando otros 3 minutos, hasta que el miso empiece a caramelizar.

3

Agrega las setas y cocínalas durante 10 minutos, hasta que estén tiernas, removiendo de vez en cuando.

4

Vierte el caldo, llévalo a ebullición y retira del fuego.

5

Tritura con una batidora de mano o de vaso. Añade más caldo si la sopa ha quedado demasiado espesa. Sazona al gusto con sal y pimienta.

6

Reparte la sopa en cuatro cuencos. Mezcla las hierbas con un chorrito generoso de aceite de oliva virgen extra. Sirve los cuencos de sopa con una cucharada de la mezcla de hierbas por encima.

SOPA DE TOMATE DE LA DESPENSA

Esta sopa es ideal cuando no tienes ningún ingrediente fresco en casa y no te queda otra que recurrir al fondo de la despensa y del frigorífico.

LOS TOMATES Y EL QUESO, UNA HISTORIA DE AMOR

INGREDIENTES
4 raciones

2 cdas. de mantequilla

1 cebolla en rodajas finas

2 dientes de ajo en rodajas finas

2 cdas. de tomate concentrado

2 latas de 400 g de tomates pelados

½ cdta. de pimentón

500 ml-1 litro (2-4 tazas) de agua o caldo de verduras (página 162)

Un chorrito de nata líquida (opcional)

Sal y pimienta negra recién molida, al gusto

PARA SERVIR

80 g de parmesano rallado grueso

2 cdas. de furikake (opcional)

1

Calienta la mantequilla en una sartén grande a fuego medio, agrega la cebolla y el ajo, añade sal y cocina durante unos 8 minutos, hasta que la cebolla esté blanda y transparente.

2

Sube el fuego, agrega el tomate concentrado y cuece unos 5 minutos o hasta que la pasta comience a caramelizar; remueve de vez en cuando para evitar que se queme.

3

Añade los tomates en conserva (con su jugo) y el agua o el caldo, deja que hierva a fuego lento y, a continuación, reduce el fuego y deja cocer unos 45 minutos, hasta que la sopa reduzca considerablemente.

4

Mientras tanto, precalienta el horno a 180 °C. Forra una bandeja de horno con papel de hornear.

5

Ralla el parmesano con los orificios más grandes del rallador. Forma cuatro círculos con el queso rallado en la bandeja forrada, asegurándote de que no queden huecos. Espolvorea con el furikake, un condimento japonés, y hornea durante unos 10 minutos, hasta que los círculos de parmesano se doren. Pásalos a un plato cubierto con papel de cocina para que se enfríen.

6

Tritura la sopa con una batidora de mano o de vaso. Añade la nata y sazona al gusto con sal y pimienta.

7

Reparte la sopa en cuatro cuencos y coloca una galleta crujiente de parmesano sobre cada cuenco.

SOPA DE ALUBIAS Y OTRAS VERDURAS

Para preparar este delicioso plato solo necesitas un tarro de alubias (las envasadas en tarro de cristal son infinitamente mejores que las que vienen en lata), unas verduras picadas y un poco de caldo.

INGREDIENTES
4 raciones

2 cdas. de aceite de oliva

1 puerro, las partes blanca y verde claro, en rodajas

3 tallos de apio en rodajas finas

1 bulbo de hinojo cortado en dados

700 g de alubias blancas de tarro escurridas y enjuagadas

1 hoja de laurel

1 litro (4 tazas) de caldo de pollo o verduras (páginas 154-159 y 162)

Zumo de 1 limón

Sal y pimienta negra recién molida, al gusto

PARA SERVIR

Un puñado de cebollino picado

Aceite de oliva virgen extra

1

Calienta el aceite de oliva en una sartén grande a fuego medio, añade el puerro, el apio y el hinojo y sofríe unos 5-7 minutos o hasta que las verduras se hayan ablandado y el puerro esté transparente.

2

Incorpora las alubias, el laurel y una pizca de sal y pimienta y deja cocer otros 2-3 minutos.

3

Vierte el caldo, asegurándote de que todos los ingredientes queden sumergidos. Lleva a ebullición, baja el fuego, tapa y cuece durante 15-20 minutos para que los sabores se mezclen.

4

Vierte el zumo de limón y sazona al gusto con más sal y pimienta según sea necesario. Retira la hoja de laurel.

5

Reparte la sopa en cuatro cuencos y decora con cebollino picado y un chorrito de aceite de oliva virgen extra.

SOPA DE JENGIBRE, COCO Y CALABAZA

Esta sopa tiene un sabor extraordinario teniendo en cuenta que no requiere mucho trabajo... ¡No hace falta ni cacerola!

INGREDIENTES

4 raciones

1 calabaza butternut de 1,5 kg (u otro tipo, como la hokkaido o la delica) cortada por la mitad longitudinalmente y sin pepitas

3 chalotas peladas

1 cabeza de ajo, cortada por la mitad longitudinalmente

2 cdas. de aceite de coco derretido

2 cdas. de jengibre fresco picado

1 lata de 400 ml de leche de coco

500 ml (2 tazas) de caldo de verduras caliente (página 162)

Sal y pimienta negra recién molida, al gusto

PARA SERVIR

Zumo fresco de lima

Hojas de cilantro fresco

Semillas o granola (página 174) para espolvorear

1

Precalienta el horno a 180 °C. Forra una bandeja de horno con papel de hornear.

2

Coloca la calabaza con el lado cortado hacia arriba, junto con las chalotas y el ajo en la bandeja de horno. Rocía con el aceite de coco derretido, sazona con una pizca de sal y pimienta y envuelve el ajo en papel de cocina.

3

Asa las verduras entre 1 hora y 1 hora y 20 minutos o hasta que la calabaza esté tierna y todo esté bien asado (algunas partes pueden quemarse ligeramente). Saca la bandeja del horno y deja enfriar un poco.

4

Saca la pulpa de la calabaza con una cuchara y ponla en el vaso de la batidora. Añade las chalotas tras limpiarles las partes quemadas. Desenvuelve con cuidado el ajo y exprime la pulpa en la batidora.

5

Agrega el jengibre y la leche de coco y haz un puré suave. Si queda demasiado espeso, vierte caldo de verduras hasta que tenga la consistencia deseada.

6

Sirve la sopa con un chorrito de zumo de lima, unas hojas de cilantro fresco y unas cucharadas de semillas o granola.

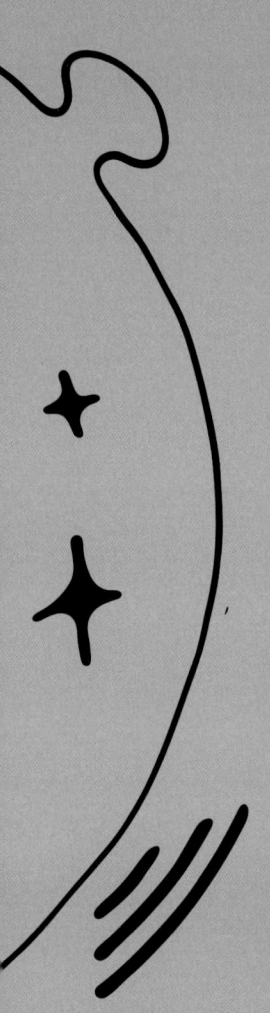

CAPÍTULO 2

De color intenso, sabor sofisticado y
con un toque inesperado, estas sopas
se salen de lo común. ¡Tus invitados
querrán repetir!

HOJAS DE SHISO Y RAÍCES DE LOTO

SOBRE NOODLES

La raíz de loto es muy popular en las cocinas china y japonesa, pues aporta un toque crujiente a los salteados y las sopas. Combinada con los fideos soba y las hojas de shiso, esta sopa es un verdadero viaje visual, de sabor y de textura.

INGREDIENTES
2 raciones

100 g de fideos soba

500 ml (2 tazas) de caldo de setas (página 168)

10 cm de raíz de loto al vapor en rodajas finas

5 hojas de shiso en tiras finas

2 cdas. de aceite de sésamo

1

Cuece los fideos soba siguiendo las instrucciones del paquete, escúrrelos y repártelos en dos cuencos.

2

Calienta el caldo de setas en una cacerola pequeña y viértelo sobre los fideos.

3

Decora la sopa con unas rodajas de raíz de loto, unas tiras de hoja de shiso y una cucharada de aceite de sésamo.

SOPA DE REMOLACHA CON BROTES CRUJIENTES

Puede que te parezca irónico incluir una receta con dos de las verduras más «odiadas» del mundo en el capítulo *Sopas sorprendentes*, pero te prometo que esta sopa te sorprenderá.

El sabor dulce y terroso de la remolacha se equilibra con un chorrito de lima fresca y unos crujientes chips salados de col de Bruselas.

PIENSA EN ROSA

INGREDIENTES
4 raciones

6 remolachas grandes, lavadas y cortadas en cuartos

4 cdas. de aceite de coco derretido

2 chalotas grandes picadas

Un trozo de jengibre fresco picado en trozos grandes

1 tallo de citronela picado en trozos grandes

500-750 ml (2-3 tazas) de caldo de pollo o verduras (páginas 154-159 y 162)

500 ml (2 tazas) de leche de coco

PARA SERVIR

90 g (1 taza) de hojas de coles de Bruselas

3 cdas. de aceite de sésamo tostado y un poco más para rociar

Una pizca de sal y otra de pimienta negra recién molida

1 lima cortada en cuartos

1

Precalienta el horno a 175 °C.

2

En una bandeja de horno, mezcla las remolachas con 2 cucharadas de aceite de coco derretido y ásalas durante 45 minutos, dándoles la vuelta a mitad del tiempo. Retira y reserva.

3

Calienta las 2 cucharadas de aceite de coco restantes en una sartén grande a fuego lento y añade las chalotas, el jengibre y la citronela. Saltea hasta que se ablanden y desprendan aroma.

4

Incorpora las remolachas asadas, cubre con el caldo y cuece a fuego lento durante 10-15 minutos o hasta que las remolachas estén muy blandas.

5

Mientras tanto, mezcla las hojas de las coles de Bruselas con el aceite de sésamo, añade sal y pimienta y extiende en una bandeja de horno. Hornea durante 10-15 minutos (remuévelas un par de veces para evitar que se quemen). Saca las hojas del horno y resérvalas.

6

Tritura la sopa con la batidora de mano o de vaso.

7

Vierte la leche de coco al final del triturado (reserva unas cucharadas para decorar).

8

Sirve cada plato de sopa con un chorrito de lima fresca, otro de aceite de sésamo y un puñado de hojas de col de Bruselas tostadas.

NOODLES CON HINOJO MARINO Y YEMAS MACERADAS EN SOJA

Esta sopa de noodles queda supersabrosa gracias a la yema de huevo macerada en soja, el hinojo marino y el caldo de dashi.

INGREDIENTES

4 raciones

1 litro (4 tazas) de caldo dashi comprado o de setas (página 168)

200 g de noodles al gusto

200 g (2 tazas) de hinojo marino

PARA LAS YEMAS MACERADAS EN SOJA

6 yemas de huevo

125 ml (½ taza) de salsa de soja

2 cdas. de mirin

1

Para macerar las yemas, coloca todos los ingredientes en un frasco pequeño o un recipiente hermético y deja reposar durante 12-24 horas, girando suavemente el frasco de vez en cuando.

2

Antes de servir la sopa, calienta el dashi o el caldo de setas en una cacerola mediana.

3

En una cacerola aparte, cuece los noodles siguiendo las instrucciones del paquete, retira y escurre, reservando el agua caliente de la cacerola.

4

Escalda el hinojo marino en el agua caliente reservada durante 2-3 minutos antes de escurrirlo y refrescarlo con agua fría.

5

Reparte los noodles en cuatro cuencos y añade el hinojo marino cocido. Vierte el caldo caliente y adorna cada cuenco con una yema de huevo macerada en soja (guarda las yemas restantes y utilízalas para untar tostadas, ¡ya verás qué delicia!).

PAQUETITOS DE SALMÓN EN CALDO AROMÁTICO

REGALITOS COMESTIBLES

El envoltorio de los dumplings o las obleas se sustituye por cintas de calabacín para que esta delicada sopa salga más ligera y verde que con los ravioli o los dumplings.

INGREDIENTES

4 raciones

PARA EL CALDO

3 tallos de citronela picados

2 chalotas partidas por la mitad

1 trozo de jengibre fresco en rodajas

2 tallos de apio cortados en cuartos

1-2 guindillas en rodajas

2 cdas. de sal o al gusto

1 litro (4 tazas) de agua o caldo de pollo (páginas 154-159)

PARA LOS PAQUETITOS

2 filetes de salmón (preferiblemente salvaje)

1-2 calabacines medianos

Sal y pimienta negra recién molida

PARA SERVIR

Aceite de sésamo tostado

2 cdas. de semillas de sésamo

1

Mezcla todos los ingredientes del caldo en una cacerola grande y llévalo a ebullición; a continuación, reduce el fuego y deja hervir a fuego lento durante 45-60 minutos.

2

Pasa el caldo por un colador fino, viértelo de nuevo en la cazuela y mantenlo a fuego lento.

3

Mientras tanto, corta los filetes de salmón en dados de 3 cm y salpimienta generosamente.

4

Con una mandolina o un pelador de verduras, corta los calabacines en láminas finas (para cuando llegues a la parte interior esponjosa).

5

Dispón dos cintas de calabacín en forma de cruz. Coloca un dado de salmón en el centro de la cruz y, a continuación, dobla con cuidado las cintas para envolverlo (como si se tratara de un regalo).

6

Coloca los paquetitos en una cesta de vapor, con las puntas hacia abajo, y cuece al vapor durante unos 5 minutos. (Si no tienes cesta de vapor, también puedes cocinarlos con cuidado en una sartén con un poco de aceite y la tapa puesta.)

7

Coloca los paquetitos en un cuenco que no sea muy profundo (unos dos paquetes si se trata del primer plato o cuatro si se trata del segundo plato, dependiendo del tamaño de los filetes de salmón y los calabacines). Vierte el caldo en los cuencos y adorna con un chorrito de aceite de sésamo tostado y una pizca de semillas de sésamo.

SOPA DE NOODLES CON ENOKI CRUJIENTE

Olvídate de los picatostes, ¡ya puedes echarle a la sopa un nuevo ingrediente crujiente! Las setas enoki crocantes aportan el toque *je ne sais quoi* a esta sencilla sopa de noodles.

DALE UN TOQUE CRUJIENTE

INGREDIENTES
2 raciones

30 g (¼ taza) de harina de maíz

½ cdta. de sal

2 manojos de setas enoki, cortados por la mitad longitudinalmente

60 ml (¼ taza) de aceite neutro para freír

500 ml (2 tazas) de caldo de verduras o setas (páginas 162 y 168)

100 g de fideos de arroz morado (o cualquier otro tipo de noodles)

PARA SERVIR

¼ de aguacate, cortado como si fueran minigalletas con formas divertidas

¼ de tallo de citronela, cortado muy fino

1

Mezcla la harina de maíz y la sal en un cuenco y enharina las setas enoki hasta que queden bien cubiertas.

2

Calienta el aceite en una sartén a fuego medio-alto. Añade las setas enoki al aceite caliente tras sacudirles la harina sobrante y fríelas durante unos 5 minutos o hasta que la parte inferior esté dorada y crujiente. Luego, dales la vuelta y fríelas otros 5 minutos por el otro lado.

3

Mientras tanto, calienta el caldo en una cacerola mediana.

4

En otra sartén, cuece los fideos siguiendo las instrucciones del paquete.

5

Reparte los fideos en dos cuencos, vierte el caldo caliente y adorna cada cuenco con las setas enoki fritas, los trozos de aguacate y unas rodajas finas de citronela.

HUEVAS DE SALMÓN CON YEMA CREMOSA EN DASHI

En esta sopa, la suavidad de los huevos pasados por agua topa con el toque salado de las huevas de salmón en una delicada combinación.

Es fácil ponerlos juntos, pero el resultado puede ser —y será— contundente.

INGREDIENTES

4 raciones

1 litro (4 tazas) de caldo dashi (comprado)

2 huevos

370 g (2 tazas) de arroz de sushi cocido

100 g de huevas de salmón (o de trucha)

2 cdas. de furikake* normal o de flores (comprado)

Se trata de un condimento empleado en la cocina japonesa. Se puede encontrar en la mayoría de los supermercados asiáticos.

1

Calienta el caldo dashi en una cacerola pequeña.

2

Pon a hervir agua en otra cazuela y cuece los huevos durante unos 6 minutos, hasta que las claras estén sólidas y las yemas brillantes y cremosas. Pela los huevos y pártelos por la mitad.

3

Llena ½ taza de arroz y haz un lecho en cada uno de los dos platos hondos, vierte el caldo dashi caliente alrededor del arroz y coloca encima la mitad de un huevo. Pon una cucharada de huevas de salmón sobre cada huevo y espolvorea furikake por todo el plato.

SOPA DE CALABACÍN CON BURRATA

Cuando se cuece despacito y a fuego lento, la pulpa del calabacín adquiere una cremosidad excepcional. En esta sopa, se acompaña con la aromática albahaca y la lujosa burrata.

INGREDIENTES
4 raciones

2 cdas. de aceite de oliva

1 puerro, las partes blanca y verde claro, en rodajas finas

3 dientes de ajo picados

4 calabacines medianos, sin las puntas, cortados en rodajas

1 litro (4 tazas) de caldo de pollo o verduras (páginas 154-159 y 162)

20 g (¼ taza bien apretada) de hojas de albahaca

Zumo de 1 limón

Sal y pimienta negra recién molida, al gusto

PARA SERVIR

4 miniburratas

2 cdas. de hierbas secas variadas, como albahaca, orégano y tomillo

1

Calienta el aceite de oliva en una sartén grande a fuego medio, agrega el puerro cortado en rodajas y saltea durante unos 4-5 minutos, hasta que quede blando y transparente.

2

Añade el ajo y saltea otros 2 minutos.

3

Añade los calabacines y una pizca de sal y pimienta, removiendo bien. Vierte el caldo, baja el fuego y cuece a fuego lento durante unos 25 minutos, tapado, hasta que los calabacines estén muy blandos.

4

Con una batidora de mano o de vaso, tritura la sopa y añade la albahaca poco a poco. Salpimienta al gusto y vierte el zumo de limón recién exprimido.

5

Reparte la sopa en cuatro cuencos, añade la burrata y decora con una pizca de hierbas secas.

SOPA DE CEBOLLA CON TEMPURA DE CEBOLLETA

TANTAS CAPAS
COMO UNA
CEBOLLA

Aquí partimos de la típica sopa de cebolla y le añadimos algunas capas: utilizamos cebollas rojas, blancas y unas chalotas, y lo rematamos todo con una tempura crujiente de cebolleta. La mitad de la sopa se bate y se añade de nuevo a la cacerola para obtener una textura suntuosa.

INGREDIENTES
4–6 raciones

4 cdas. de aceite de oliva

3 cebollas rojas grandes, cortadas en rodajas finas

2 cebollas amarillas grandes, cortadas en rodajas finas

2 chalotas medianas, cortadas en rodajas finas

2 cdas. de mantequilla

2 dientes de ajo picados

125 ml (½ taza) de vermut seco o vino blanco seco

2 litros (8 tazas) de caldo de carne (página 160)

2 hojas de laurel

Unas ramitas de tomillo fresco

Sal y pimienta negra recién molida, al gusto

PARA LA TEMPURA DE CEBOLLETA

70 g (⅓ taza generosa) de harina de arroz, más otro poco para espolvorear

½ cdta. de levadura en polvo

100 ml de agua fría

Aceite neutro para freír

8 cebolletas cortadas en trozos de 10 cm

PARA SERVIR

40 g (¼ taza) de piñones tostados

1
Para la tempura, mezcla la harina de arroz, la levadura en polvo y el agua fría en un cuenco hasta que se integren, teniendo cuidado de no mezclar demasiado.

2
Calienta el aceite para freír a 160 °C o hasta que un trozo de pan chisporrotee y se dore en 50 segundos.

3
Asegúrate de que las cebolletas están bien secas y espolvoréalas con un poco de harina de arroz (ayudará a que la masa se adhiera). Sumerge las cebolletas en la masa, un tallo cada vez, y fríelas durante 1-2 minutos, hasta que estén crujientes.

4
Retíralas de la sartén con una espumadera y colócalas en un plato forrado con papel absorbente hasta el momento de utilizarlas.

5
Para la sopa, calienta el aceite de oliva en una sartén grande a fuego lento, añade las cebollas y remuévelas para que se impregnen. Deja cocinar durante unos 15 minutos, removiendo de vez en cuando, hasta que se ablanden.

6
Añade la mantequilla y cuece a fuego lento durante 45-60 minutos más, hasta que las cebollas empiecen a dorarse y caramelizarse, removiendo de vez en cuando.

7
Cuando las cebollas estén caramelizadas, añade el ajo y deja cocer unos minutos más. A continuación, desglasa la sartén con el vino o el vermut, raspando los trozos marrones del fondo y las paredes.

8
Añade el caldo, las hojas de laurel y el tomillo y cuece a fuego lento durante unos 30 minutos, hasta que la sopa reduzca y espese ligeramente.

9
Retira las hojas de laurel y sazona al gusto con sal y pimienta.

10
Tritura la mitad de la sopa en otra cacerola pequeña con una batidora de mano o de vaso. Vierte la sopa batida en la cazuela original y remueve para que se mezcle.

11
Reparte la sopa en cuatro cuencos y cubre con la tempura de cebolleta y los piñones tostados.

SOPA DE GUISANTES Y WASABI CON MINICRUASANES

Los guisantes y el wasabi
picante se dan cita en una
sopa irresistiblemente cremosa
rematada con unos cruasanes
de mantequilla crujientes.

INGREDIENTES
4 raciones

1 cda. de mantequilla

1 cda. de aceite de oliva
virgen extra, un poco
más para servir

1 cebolla picada

2 dientes de ajo picados

900 g (6 tazas) de
guisantes, descongelados

1 cdta. de wasabi en
polvo o más, al gusto

1 litro (4 tazas) de caldo
de pollo o verduras
(páginas 154-159 y 162)

125 ml (½ taza) de nata
líquida (opcional)

Sal al gusto

PARA SERVIR

1 lámina de hojaldre

Aceite de oliva para
untar o rociar

40 g (¼ taza) de semillas
de sésamo

1

Prepara primero los cruasanes.
Precalienta el horno a 200 °C.
Forra una bandeja de horno
con papel de hornear.

2

Corta la masa de hojaldre en
triángulos pequeños (de unos 6 cm
por lado) y enrolla cada triángulo
en forma de cruasán. Rocíalos
o píntalos con un poco de aceite
de oliva y espolvoréalos con las
semillas de sésamo. A continuación,
hornéalos durante unos 15 minutos
o hasta que estén hinchados y
dorados. Saca y reserva.

3

Para la sopa, calienta la mantequilla
y el aceite de oliva virgen extra en
una cacerola grande, agrega la
cebolla y rehógala durante unos
5 minutos, hasta que esté blanda
y transparente. Incorpora el ajo y
cocina durante 1-2 minutos más.

4

Añade los guisantes, el wasabi en
polvo y el caldo, lleva a ebullición,
baja el fuego y cuece a fuego lento
durante 10 minutos, hasta que los
guisantes estén tiernos y de color
verde brillante.

5

Utiliza una batidora de mano o de
vaso para hacer un puré suave.

6

Sazona al gusto con sal y más
wasabi si lo crees necesario.

7

Sirve la sopa caliente de guisantes
en cuatro cuencos, añade la nata,
rocía con aceite de oliva virgen
extra y coloca unos minicruasanes
por encima.

CAPÍTULO 3

Sopas de temporada

La naturaleza nos regala momentos fugaces y mágicos con ingredientes que adornan nuestros bosques, campos y cocinas solo una vez al año.

En este capítulo, ensalzamos el encanto de los productos de temporada con ingredientes estrella escurridizos y preciosos, como el ajo silvestre que alfombra el suelo del bosque en primavera; la acidez del ruibarbo, que anuncia la llegada de días más cálidos, o el aroma almizclado de las trufas que prosperan en el fresco suelo de otoño. No pierdas de vista estas superestrellas de temporada: apenas te despistes, ya no las encontrarás.

Sopa de zanahoria, ruibarbo y citronela

CON PIEL DE ZANAHORIA CRUJIENTE CON SÉSAMO

Normalmente usado en platos dulces, la agradable y estimulante acidez del ruibarbo casa muy bien con el dulzor de la zanahoria y la leche de coco.

PRIMAVERA

INGREDIENTES
4 raciones

1 cda. de aceite de oliva

1 cebolla picada

1 trozo de jengibre fresco, picado fino

1 tallo de citronela, picado fino

1 tallo de ruibarbo, picado

5 zanahorias grandes, peladas y picadas (reservar la piel, ver abajo)

500-750 ml (2-3 tazas) de caldo de pollo o verduras (páginas 154-159 y 162)

400 ml de leche de coco

Un chorrito de salsa de pescado

Sal y pimienta negra recién molida, al gusto

PARA SERVIR

Mondaduras de zanahoria

Aceite de sésamo

2 cdas. de semillas de sésamo

1 lima, cortada en cuartos, para exprimirla

1

Precalienta el horno a 180 °C.

2

En una olla o cazuela grande, calienta el aceite a fuego medio. Agrega la cebolla, el jengibre y la citronela y rehoga durante 3-5 minutos, o hasta que la cebolla esté transparente y desprenda su aroma.

3

Añade el ruibarbo picado y las zanahorias y remueve bien para que se mezclen bien con los ingredientes aromáticos.

4

Vierte 500 ml (2 tazas) de caldo; asegúrate de que las verduras quedan cubiertas. Si es necesario, añade un poco más de agua o caldo para cubrirlas por completo. Lleva a ebullición, reduce a fuego lento, tapa y cuece durante 20-25 minutos, o hasta que el ruibarbo y las zanahorias estén tiernos.

5

Prepara la piel de zanahoria al horno. En un bol, mezcla las mondaduras con un chorrito de aceite de sésamo, espolvoréalas con las semillas de sésamo y mezcla bien. Extiende sobre una bandeja de horno forrada y hornea durante 10-15 minutos, vigilándolas para que no se quemen. Retira y reserva.

6

Cuando las verduras de la sopa estén tiernas, utiliza una batidora de mano o de vaso (por tandas si es necesario) y tritúrala hasta que quede un puré suave y cremoso. Añade la leche de coco y la salsa de pescado. Mezcla bien hasta que la sopa esté cremosa y todo integrado. Sazona al gusto con sal y pimienta.

7

Sirve la sopa en cuatro cuencos y adorna con la piel de zanahoria y un chorrito de zumo de lima.

Sopa de chirivía y tupinambo

¡CON ALCAPARRAS FRITAS!

Los tupinambos, terrosos, con sabor a nuez y muy particulares, alcanzan su mejor punto después de las primeras heladas de otoño y se mantienen hasta finales de invierno. En esta receta, las alcaparras crujientes complementan la cremosa sopa.

INVIERNO

INGREDIENTES

4 raciones

2 cdas. de aceite de oliva

1 chalota grande picada

4 chirivías peladas y picadas

4 tupinambos, lavados y picados

750 ml-1 litro (3-4 tazas) de caldo de pollo o verduras (páginas 154-159 y 162)

Sal y pimienta negra recién molida, al gusto

PARA SERVIR

2 cdas. de aceite de oliva

30 g (¼ taza) de alcaparras

1

En una olla o cazuela grande, calienta el aceite de oliva a fuego medio. Agrega la chalota y rehógala durante 2-3 minutos, hasta que esté transparente y desprenda aroma.

2

Añade a la olla las chirivías y los tupinambos picados y saltéalos. Vierte 750 ml (3 tazas) de caldo y lleva a ebullición. Si prefieres una sopa más fina, agrega los 250 ml (1 taza) de caldo más tarde, según sea necesario.

3

Baja el fuego, tapa y cuece a fuego lento durante unos 20-25 minutos o hasta que las verduras estén tiernas. Remueve de vez en cuando para evitar que se peguen.

4

Mientras tanto, prepara las alcaparras fritas. Calienta el aceite de oliva en una sartén, agrega las alcaparras y fríelas hasta que estén crujientes. Retíralas a un plato forrado con papel absorbente (puedes reservar el aceite de la sartén).

5

Cuando las verduras de la sopa estén tiernas, tritúralas con una batidora de mano o de vaso (por tandas si es necesario) hasta que quede un puré suave y cremoso. Si ha quedado demasiado espeso, añade más caldo, poco a poco, hasta alcanzar la consistencia deseada.

6

Salpimienta la sopa al gusto y sirve en cuatro cuencos. Añade una cucharada de alcaparras fritas y un poco del aceite de oliva reservado.

Sopa de remolacha y naranja sanguina

¡CON NATA FRESCA!

La remolacha, rica y terrosa, se topa con la naranja sanguina, enamorada del sol, ¡y saltan chispas!

INVIERNO

INGREDIENTES
4 raciones

1 cda. de aceite de oliva

1 cebolla roja picada

2 tallos de apio picados

2 dientes de ajo picados

3 zanahorias peladas y troceadas

2 remolachas grandes, peladas y picadas

2 guindillas picadas (ajustar al nivel de picante deseado)

750 ml-1 litro (3-4 tazas) de caldo de pollo o verduras (páginas 154-159 y 162)

Ralladura y zumo de 1 naranja sanguina

Sal y pimienta negra recién molida, al gusto

PARA SERVIR

125 g (½ taza) de nata fresca

Aceite de oliva virgen extra

Cebollino picado fino

1

En una olla o cazuela grande, calienta el aceite de oliva a fuego medio. Sofríe la cebolla roja, el apio y el ajo hasta que la cebolla esté transparente.

2

Añade las zanahorias, las remolachas y las guindillas y remueve bien.

3

Vierte el caldo necesario para cubrir las verduras. Llévalo a ebullición, reduce a fuego lento y cuécelo tapado durante 30-35 minutos o hasta que las remolachas estén tiernas.

4

Con una batidora de mano o de vaso (por tandas si es necesario), tritura la sopa hasta que quede un puré suave. Luego añade el zumo de naranja sanguina y sazona con sal y pimienta al gusto.

5

Sirve la sopa caliente, adornada con una cucharada de nata fresca, un chorrito de aceite de oliva virgen extra y una pizca de ralladura de naranja y cebollino picado.

Sopa de ortigas

PRIMAVERA

Si alguna vez te ha picado una ortiga, lo más probable es que ni te plantees comértelas. Pero no hay que temerlas: una vez cocidas, tienen un sabor parecido al de las espinacas, aunque más intenso. Además, ¡no hace falta ni ir al supermercado!

INGREDIENTES

4 raciones

270 g de hojas de ortiga (¡ponte guantes para cogerlas!)

3 cdas. de mantequilla

2 chalotas cortadas en dados

2 puerros, solo la parte blanca, picados (reservar la parte verde para dejarla crujiente, p. 176)

3 tallos de apio cortados en dados

1 patata grande pelada y cortada en dados (reservar las mondaduras como guarnición)

1 litro (4 tazas) de caldo de pollo (páginas 154-159)

125 ml (½ taza) de nata líquida (opcional)

Sal y pimienta negra recién molida, al gusto

PARA SERVIR

Mondaduras de patata reservadas

45 g de hojas de ortiga

Aceite de oliva virgen extra

Sal

Pétalos de flores secas comestibles (opcional)

EQUIPO NECESARIO

Cesta vaporera

1

En primer lugar, prepara la cobertura crujiente. Precalienta el horno a 175 °C.

2

Mezcla las pieles de patata y 45 g de hojas de ortiga con un chorrito de aceite de oliva virgen extra y espolvorea con sal. Extiéndelas sobre una bandeja de horno y hornéalas durante unos 10 minutos o hasta que estén crujientes. Saca del horno y reserva.

3

Para la sopa, llena una olla grande con agua y coloca encima una cesta de vapor. Cuece al vapor el resto de las hojas de ortiga hasta que estén blandas y suaves. Deja enfriar, escurre el exceso de agua, pica finamente y reserva.

4

Calienta la mantequilla en una olla o cazuela grande a fuego medio-alto. Añade las chalotas y los puerros y hazlos durante unos 5 minutos, hasta que desprendan aroma y estén transparentes.

5

Agrega el apio, la patata y el caldo, hierve a fuego lento y cuece durante 15 minutos o hasta que las verduras estén tiernas.

6

Añade las ortigas cocidas a la sopa y haz un puré con la batidora de mano o de vaso (por tandas si es necesario). Sazona al gusto.

7

Incorpora la nata a la sopa y repártela en cuatro cuencos. Decora con las pieles de patata y las ortigas crujientes y las flores comestibles. Sirve la sopa caliente.

Sopa de patata y trufa

INVIERNO

Acompañar la humilde patata con unas pecaminosas y lujosas virutas de trufa es la combinación perfecta de lo sencillo con lo extravagante. Si no consigues encontrar trufas de verdad, bastarán unas gotas de aceite de trufa de buena calidad.

INGREDIENTES
4 raciones

2 cdas. de mantequilla (o aceite de oliva)

1 cebolla blanca grande cortada en dados

3-4 patatas grandes (unos 400 g) peladas y troceadas

1 litro (4 tazas) de caldo de pollo (páginas 154-159), más la cantidad necesaria para darle la consistencia deseada

125 ml (½ taza) de nata líquida (opcional)

Sal y pimienta negra recién molida, al gusto

PARA SERVIR

Trufa blanca o negra, finamente laminada

45 g (⅓ taza) de avellanas enteras, tostadas en una sartén

Aceite de oliva virgen extra

1

Calienta la mantequilla en una olla o cazuela mediana a fuego medio-alto hasta que empiece a hacer espuma. Agrega la cebolla y cocina unos 5 minutos, hasta que quede transparente y desprenda aroma.

2

Añade las patatas con una pizca de sal y pimienta negra recién molida, tapa y cocina durante unos 10 minutos.

3

En otra cazuela, hierve el caldo de pollo y viértelo en la olla. Cuece a fuego lento durante unos 15 minutos, hasta que las patatas estén blandas.

4

Tritura la sopa con una batidora de mano o de vaso (por tandas si es necesario). Añade más caldo, si es necesario, para conseguir la consistencia deseada. Agrega la nata y rectifica de sal.

5

Sirve con unas virutas finas de trufa fresca (blanca o negra), un puñado de avellanas tostadas y un chorrito de aceite de oliva virgen extra.

Fideos soba en caldo de ajo silvestre

Delicadamente herbal, el ajo silvestre es una belleza de color verde de la que solo disponemos una vez al año, a principios de primavera. Esta sopa es muy sencilla, ya que combina un caldo intenso con fideos soba.

INGREDIENTES

2 raciones

500 ml (2 tazas) de caldo al gusto (páginas 154-169)

1 manojo de ajo silvestre lavado y secado

Una pizca de sal

100 g de fideos soba

PARA SERVIR

Un chorrito de aceite de oliva

Pétalos de flores comestibles secas (o flores de ajo silvestre si la temporada está más avanzada)

1

Bate a potencia alta en una batidora el caldo y el ajo con una pizca de sal durante 1-2 minutos o hasta que las hojas estén completamente trituradas y el caldo adquiera un color verde vivo (con una batidora de mano no se conseguirá la misma textura suave ni el mismo color intenso).

2

Cuela el caldo para eliminar cualquier residuo.

3

Calienta el caldo en una cacerola pequeña.

4

Mientras tanto, prepara los fideos en una cacerola aparte siguiendo las instrucciones del paquete. Escurre los fideos y repártelos en dos cuencos.

5

Vierte el caldo caliente sobre los fideos y decora con un chorrito de aceite de oliva y unos pétalos de flores secas comestibles.

Gyozas de ajo silvestre con caldo de pollo

PRIMAVERA

62

En esta receta, utilizamos masa congelada (en vez de masa casera) para crear una sabrosa fusión de ravioli y gyoza.

Seguramente te sobrarán obleas, pero no dudes en usar tu imaginación y rellenarlas con lo que más te apetezca.

INGREDIENTES
4 raciones

1 paquete de obleas de gyoza congeladas

100 g (un puñado grande) de ajo silvestre lavado y secado

1 cda. de mantequilla

1 chalota finamente picada

250 g (1 taza) de requesón

20 g (¼ taza) de parmesano recién rallado

Sal y pimienta negra recién molida, al gusto

PARA SERVIR

1 litro (4 tazas) de caldo de pollo caliente (páginas 154-159)

Cebollino fresco picado

Aceite de oliva virgen extra

EQUIPO NECESARIO

Cesta vaporera

1

En primer lugar, saca las obleas del congelador para que se descongelen.

2

Para preparar el relleno, hierve el ajo silvestre en agua con sal durante 30 segundos, escurre para eliminar el exceso de agua y trocéalo.

3

Calienta la mantequilla en una sartén pequeña a fuego medio, añade la chalota y saltéala durante unos 5 minutos o hasta que esté transparente y desprenda aroma. Retira del fuego y deja enfriar unos minutos.

4

Mezcla el requesón y el parmesano en un bol, añade el ajo silvestre picado, la chalota salteada y una pizca de sal y pimienta negra.

5

Coge una oblea y colócala en tu mano izquierda (si eres diestro; al revés si eres zurdo). Pon una cucharadita de la mezcla del relleno en el centro, humedece un dedo con agua y traza un círculo alrededor del borde. Dobla la oblea por la mitad para cubrir el relleno y, a continuación, usa la mano derecha para hacer algunos pliegues en la gyoza y sellarla. Repite la operación hasta que se acabe el relleno.

6

Pon una olla con agua a hervir y coloca encima una vaporera forrada. Cuece al vapor unas cuantas gyozas durante 3-4 minutos.

7

Cuando todas las gyozas estén cocidas al vapor, repártelas en cuatro cuencos y cúbrelas con caldo de pollo caliente. Decora con cebollino picado y un chorrito de aceite de oliva virgen extra.

Sopa de espárragos blancos

PRIMAVERA

Los espárragos blancos están disponibles apenas unas semanas al año y anuncian el comienzo de la primavera. La parte no comestible del tallo y las pieles, que suelen desecharse, valen su peso en oro para preparar un sabroso caldo de espárragos que potenciará el sabor de una sopa o un risotto y que aportará intensidad a unos cereales o al arroz. ¡Seguro que no las vuelves a tirar!

INGREDIENTES
4 raciones

PARA EL CALDO

Pieles de espárragos

1,5 litros (6 tazas) de caldo de pollo (páginas 154-159)

2 dientes de ajo

1 manojo de cebolletas, solo la parte verde

1 cda. de sal marina

PARA LA SOPA

1 cda. de aceite de oliva

1 puerro cortado en rodajas finas

500 g de espárragos blancos pelados y cortados en trozos (reservar las pieles para el caldo)

160 g (1 taza) de cuscús perla (o arroz u orzo)

1 litro (4 tazas) de caldo de espárragos

PARA SERVIR

Un poco de aceite de oliva

Flores secas comestibles

1

Prepara primero el caldo. Mezcla todos los ingredientes en una cacerola grande y lleva a ebullición. Reduce a fuego lento y cuece durante 45-60 minutos.

2

Pasa el caldo por un colador fino y úsalo inmediatamente o deja enfriar y refrigerar durante 3-4 días.

3

Para la sopa, calienta el aceite de oliva en una sartén mediana a fuego lento. Añade el puerro y los espárragos y deja cocinar, tapados, durante unos 10 minutos o hasta que estén blandos y desprendan aroma.

4

Mientras tanto, cuece el cuscús en una cazuela aparte siguiendo las instrucciones del paquete.

5

Vierte el caldo sobre las verduras y deja a fuego lento durante otros 10 minutos o hasta que las verduras estén bien cocidas.

6

Reparte el cuscús cocido en cuatro cuencos, vierte por encima las verduras y el caldo y sirve adornado con un chorrito de aceite de oliva y una pizca de flores comestibles.

Sopa de guisantes con tempura de flor de saúco

PRIMAVERA

Esta receta de tempura crujiente de flores de saúco sobre una sopa de guisantes con menta es como meter la primavera en un cuenco. Las flores de saúco preceden a las bayas, que aparecen en otoño, y pueden convertirse en una bomba de vitamina C y flavonoides.

¡Empieza a prestarle atención a ese arbusto que crece en el fondo del jardín!

INGREDIENTES
4 raciones

2 cdas. de aceite de oliva

1 cebolla picada

2 dientes de ajo picados

450 g (3 tazas) de guisantes, descongelados

un puñado de espinacas, solo las hojas

1 litro (4 tazas) de caldo de pollo o verduras (páginas 154-159 y 162)

Un puñado de hojas de menta fresca

Sal y pimienta negra recién molida, al gusto

PARA LA TEMPURA DE FLOR DE SAÚCO

70 g (⅓ taza generosa) de harina de arroz, más harina para espolvorear

½ cdta. de levadura en polvo

100 ml (⅓ taza generosa) de agua fría

Aceite neutro para freír

12 cabezas de flor de saúco lavadas y secas

1
En primer lugar, prepara la tempura de flor de saúco. En un bol, mezcla la harina de arroz, la levadura en polvo y el agua hasta obtener una mezcla homogénea, sin pasarse.

2
Calienta el aceite para freír en una sartén honda a 160 °C o hasta que un trozo de pan chisporrotee y se dore en 50 segundos.

3
Asegúrate de que las flores de saúco están completamente secas y, a continuación, espolvoréalas con un poco de harina de arroz para que la masa se adhiera. Sumerge en la masa las cabezas de flor de saúco de una en una y fríelas en el aceite caliente durante 1-2 minutos o hasta que estén crujientes (puede que haya que hacerlo por tandas).

4
Retíralas con una espumadera a un plato forrado con papel absorbente hasta el momento de utilizarlas.

5
Para la sopa, calienta el aceite de oliva en una cacerola mediana a fuego medio, añade la cebolla y el ajo y sofríe durante unos 5 minutos, hasta que desprendan aroma.

6
Añade los guisantes y las espinacas y, luego, el caldo. Tapa y cuece a fuego lento durante unos 10 minutos o hasta que todas las verduras estén blandas.

7
Pasa la mezcla a una batidora y tritura hasta que quede suave, añadiendo las hojas de menta poco a poco. Si es necesario, vierte más caldo hasta conseguir la consistencia deseada. Sazona al gusto con sal y pimienta.

8
Reparte la sopa en cuatro cuencos y sirve con la tempura de flor de saúco por encima.

Sopa de calabacín y flores

Esta sopa es una de las más sencillas de hacer y es ideal para preceder a un plato de pasta fresca en verano.

INGREDIENTES
4 raciones

1 cda. de aceite de oliva

4 calabacines cortados en cuartos longitudinalmente y en trozos de 3 cm

8 flores de calabacín

1 litro (4 tazas) de caldo de pollo (páginas 154-159)

Sal y pimienta negra recién molida, al gusto

PARA SERVIR

Aceite de oliva virgen extra

1

Calienta el aceite en una cacerola mediana a fuego medio, añade los calabacines y las flores y rehógalos unos minutos.

2

Vierte el caldo de pollo y cuece a fuego lento durante unos 10 minutos o hasta que el calabacín esté blando.

3

Reparte en cuatro cuencos, salpimienta al gusto y sirve con un chorrito de un buen aceite de oliva.

CAPÍTULO 4

SOPAS RECONFORTANTES

Hay platos reconfortantes que te comes y te dejan igual.
Y luego está la sopa, que es como un cálido abrazo interior.
No en vano una prolífica serie de libros de autoayuda se
titula *Sopa de pollo para el alma*.

La sopa tiene la capacidad de transportarte a un mundo
lleno de recuerdos o de hacer que los problemas se diluyan,
cucharada a cucharada, cuando te sientes decaído. Ya
sea un tazón de fideos con caldo un día frío o una sopa de
tomate asado con picatostes de queso después de una larga
semana, la sopa nutre de una forma incomparable no solo
nuestro cuerpo, sino también nuestro espíritu. Eso la acredita
como un alimento reconfortante.

SOPA DE FARFALLE Y GUISANTES

Tu corazón dice «Pasta»; tu cabeza dice «Sopa» y la voz de tu madre dice «Come verdura».

He aquí la deliciosa respuesta a ese dilema entre lo que te dicta el corazón y lo que te pide la mente.

INGREDIENTES
4 raciones

2 cdas. de aceite de oliva

1 puerro, las partes blanca y verde claro en rodajas finas

2 dientes de ajo en láminas finas

2 tallos de apio en rodajas finas

1 calabacín cortado en cuartos longitudinales y en rodajas

150 g (1 taza) de guisantes congelados

1 litro (4 tazas) de caldo de pollo (páginas 154-159)

200 g de pasta farfalle

Sal y pimienta negra recién molida, al gusto

PARA SERVIR

Aceite de oliva virgen extra

1

Calienta el aceite de oliva en una olla grande a fuego medio y rehoga el puerro, el ajo, el apio y el calabacín durante unos 5 minutos o hasta que el puerro quede transparente y desprenda aroma.

2

Añade los guisantes y mezcla hasta que se impregnen bien de aceite. A continuación, vierte el caldo de pollo y cuece a fuego lento durante unos 10 minutos, hasta que todas las verduras estén blandas.

3

Mientras tanto, pon a hervir abundante agua con sal en otra cazuela y cuece la pasta durante 2 minutos menos de lo indicado en las instrucciones del paquete.

4

Escurre la pasta y añádela a la olla de la sopa.

5

Reparte la sopa en cuatro cuencos, salpimienta al gusto y sirve con un chorrito de aceite de oliva.

SOPA DE TOMATE CON QUESO GRATINADO

A la famosa sopa de tomate Campbell de Andy Warhol le ha salido un rival: esta brillante y sabrosa sopa de tomate asado acompañada del satisfactorio crujido de unos picatostes de queso a la parrilla.

INGREDIENTES

4 raciones

3 pimientos rojos picados

8 tomates grandes, sin corazón y troceados

170 g (1 taza) de tomates cherry pequeños

1 cebolla picada

Aceite de oliva para rociar

Sal y pimienta negra recién molida, al gusto

PARA SERVIR

1 pan de chapata partido por la mitad

90 g (1 taza) de queso cheddar rallado

1

Precalienta el horno a 180 °C.

2

Coloca los pimientos, los tomates y la cebolla en una fuente de horno, rocíalos con aceite de oliva, remueve un par de veces y sazona generosamente con sal y pimienta.

3

Ásalos en el horno durante unos 45 minutos, dándoles la vuelta cada 15 minutos, hasta que estén asados y ligeramente chamuscados.

4

Saca las verduras del horno, pásalas a la batidora y hazlas puré.

5

Coloca las chapatas cortadas por la mitad en una bandeja de horno forrada y cúbrelas generosamente con el queso rallado. Mételas en el horno aún caliente y hornea durante 10 minutos, los últimos 2 minutos en el grill (o acábalas de hacer en una parrilla caliente), hasta que el queso se haya fundido. Saca las chapatas del horno y córtalas en cuadraditos del tamaño de un bocado.

6

Reparte la sopa en cuatro cuencos y sirve con los picatostes de queso gratinado.

SOPA DE GYOZAS DE SETAS

Certifico que cada sorbo y bocado de esta sopa es una bomba umami.

INGREDIENTES
4 raciones

1 paquete de obleas de gyoza congeladas

3 cdas. de aceite de sésamo

2 chalotas finamente picadas

250 g de champiñones portobello, picados finamente, reservando algunos para decorar

150 g (aproximadamente ¼ de cabeza) de col blanca rallada

1 trozo de jengibre fresco, pelado y picado

2 cdas. de salsa de soja

1 litro (4 tazas) de caldo de setas (página 168)

1 cebolleta cortada en rodajas

EQUIPO NECESARIO

Cesta vaporera

1

En primer lugar, saca las obleas de gyoza del congelador para descongelarlas.

2

Calienta 2 cucharadas de aceite de sésamo en una sartén mediana a fuego fuerte, añade las chalotas y las setas picadas y sofríe durante 4-5 minutos, hasta que se doren y desprendan aroma.

3

Baja el fuego, agrega la col y el jengibre y cocina unos 10 minutos, hasta que la col esté tierna.

4

Pasa la mezcla a un cuenco y deja enfriar.

5

En la misma sartén, fríe las láminas de setas reservadas en la cucharada restante de aceite de sésamo. Cuando hayan perdido parte de la humedad, añade la salsa de soja a la sartén. Continúa la cocción hasta que se oscurezcan y casi se caramelicen. Resérvalas.

6

Coge una oblea y colócala en tu mano izquierda (si eres diestro; al revés si eres zurdo). Pon una cucharadita de la mezcla del relleno en el centro, humedece un dedo con agua y traza un círculo alrededor del borde. Dobla la oblea por la mitad para cubrir el relleno y, a continuación, usa la mano derecha para hacer algunos pliegues en la gyoza y sellarla. Repite la operación hasta que se acabe el relleno.

7

Pon una olla con agua a hervir y coloca encima una vaporera forrada. Cuece al vapor unas cuantas gyozas durante 3-4 minutos.

8

Cuando estén todas cocidas al vapor, repártelas en cuatro cuencos y añade unas láminas de setas fritas en cada uno. Cubre con el caldo de setas caliente. Decora con rodajas de cebolleta y sirve.

UDON DE ALGAS Y AJO

Fideos udon, ajo frito, alga wakame y un rico caldo de setas se combinan para dar como resultado un reconfortante cuenco de delicias apetitosas, saladas y crujientes. Dopamina instantánea.

INGREDIENTES
2 raciones

20 g (¼ taza) de alga wakame seca

2 cdas. de aceite neutro

3 dientes de ajo cortados en láminas de 2 mm

200 g de fideos udon

500 ml (2 tazas) de caldo de setas (página 168)

Semillas de sésamo blanco para espolvorear

1
Para rehidratar el wakame, colócalo en un cuenco y cúbrelo con agua. Deja reposar 5 minutos y escurre el exceso de agua.

2
Calienta el aceite en una cacerola pequeña, agrega el ajo cortado en láminas y cocina hasta que esté crujiente (unos 2 minutos por cada lado), procurando que no se queme. Reserva en un plato con papel absorbente para eliminar el exceso de aceite.

3
Cuece los fideos udon siguiendo las instrucciones del paquete y repártelos en dos cuencos.

4
Calienta el caldo en la misma cacerola y añade el wakame rehidratado.

5
Vierte el caldo caliente sobre los fideos y adorna cada cuenco con unas láminas de ajo frito y una pizca de semillas de sésamo.

SOPA DE DUMPLINGS ARRUGADOS

Los dumplings son reconfortantes por naturaleza, sobre todo cuando los pliegas de cualquier modo y parecen paquetitos de regalo comestibles en cuyo interior te esperan apetitosas y sabrosas sorpresas.

INGREDIENTES

4 raciones

1 paquete de obleas para dumplings redondas congeladas

250 g de pollo picado

2 cdas. de jengibre fresco rallado

2 cdas. de citronela picada

2 cdas. de cilantro picado

2 cdas. de cebolleta picada

1 cdta. de guindilla fresca picada (o más si te gusta el picante)

1 cda. de ajo picado

1 cda. de aceite de sésamo

1 cda. de salsa de soja o tamari

1 cdta. de sal

1 litro (4 tazas) de caldo de pollo (páginas 154-159)

PARA SERVIR

2 cebolletas finamente picadas

EQUIPO NECESARIO

Cesta vaporera

1

En primer lugar, saca las obleas del congelador para que se descongelen.

2

Mezcla los ingredientes restantes, excepto el caldo, en un bol.

3

Coge una oblea y colócala en tu mano izquierda (si eres diestro; al revés si eres zurdo). Pon una cucharadita de la mezcla del relleno en el centro, humedece un dedo con agua y traza un círculo alrededor del borde. Dobla la oblea por la mitad para cubrir el relleno y, a continuación, utiliza la mano derecha para hacer algunos pliegues en el dumpling y sellarlo. Repite la operación hasta que se acabe el relleno.

4

Pon una olla con agua a hervir y coloca encima una vaporera forrada. Cuece al vapor unos cuantos dumplings durante 3-4 minutos.

5

Cuando todos estén cocidos al vapor, repártelos en cuatro cuencos. Calienta el caldo de pollo, viértelo en los cuencos y adorna con la cebolleta picada.

TORTELLINI IN BRODO

¡COMPRARLOS HECHOS NO ES TRAMPA!

Tan fácil como pintar un cuadro por números, pero tan impresionante como una obra de arte: tu propio caldo de pollo realzado con unos tortellini comprados a los que añadimos hierbas, flores y aceite como si fueran pinceladas.

Et voilà! Unas deliciosas almohaditas de pasta flotan en un caldo rico y nutritivo que reconforta incluso en los días más tristes.

INGREDIENTES

2 raciones

1 litro (4 tazas) de caldo de pollo (páginas 154-159)

250 g de tortellini al gusto (los comprados son los más fáciles de preparar)

PARA SERVIR

Aceite de oliva para rociar

Hierbas frescas o pétalos de flores comestibles (opcional)

1

En una cacerola grande, lleva el caldo a ebullición y, a continuación, reduce a fuego lento.

2

Añade los tortellini al caldo y cuécelos siguiendo las instrucciones del paquete.

3

Una vez cocidos, reparte los tortellini en dos cuencos y vierte el caldo por encima. Sírvelos calientes con un chorrito de aceite de oliva y una guarnición de hierbas frescas o pétalos de flores comestibles.

SOPA DE LETRAS

Un favorito de la infancia que no podría ser más fácil de hacer ni más reconfortante.

¿Quién de nosotros no recuerda la magia de la sopa de letras de cuando éramos niños?

¡DICHO Y HECHO!

INGREDIENTES
4 raciones

1 cda. de aceite de oliva

1 puerro, las partes blanca y verde claro en rodajas finas

2 zanahorias cortadas en cuartos longitudinales y picadas finas

200 g de pasta de letras

1 litro (4 tazas) de caldo de pollo (páginas 154-159)

Sal y pimienta negra recién molida, al gusto

1

Calienta el aceite de oliva en una cacerola mediana a fuego medio y rehoga el puerro y las zanahorias durante unos 5 minutos, hasta que empiecen a ablandarse, procurando que no se quemen.

2

Vierte el caldo de pollo y cuece a fuego lento durante 10 minutos.

3

Mientras tanto, pon a hervir agua con sal en una olla mediana y cuece en ella la pasta siguiendo las instrucciones del paquete.

4

Escurre la pasta y pásala a la olla de la sopa. Salpimienta al gusto, remueve bien y reparte en cuatro cuencos.

SOPA DE CERVEZA Y QUESO

¡MANO DE SANTO!

¿Echas de menos tu hogar?
¿Te han roto el corazón?
¿Tienes resaca?

El mejor remedio es el queso.

INGREDIENTES

4 raciones

150 g (1 taza) de panceta picada en trozos grandes

1 cebolla picada

2 tallos de apio finamente picados

4 cdas. de mantequilla

2 dientes de ajo picados

30 g (¼ taza) de harina común

750 ml (3 tazas) de caldo de pollo (páginas 154-159)

60 ml (¼ taza) de nata líquida

1 cdta. de mostaza (a ser posible, de Dijon)

1 botella de cerveza de 330 ml

180 g (2 tazas) de queso cheddar, gouda o emmental recién rallado

Sal y pimienta negra recién molida, al gusto

PARA SERVIR

45 g (½ taza) extra de queso cheddar, gouda o emmental rallado

2 cebolletas picadas

2 cdas. de aceite de oliva para rociar

1

Fríe la panceta en una sartén grande a fuego medio durante 10 minutos o hasta que esté crujiente. Deja la grasa en la sartén, pasa la panceta a un plato con papel absorbente y resérvala.

2

Echa la cebolla y el apio a la sartén y rehoga unos 5 minutos en la grasa de la panceta hasta que se ablanden.

3

Añade la mantequilla y el ajo. Cuando la mantequilla empiece a derretirse, agrega la harina y cocina durante un minuto.

4

Incorpora lentamente el caldo de pollo hasta que se disuelva toda la harina, seguido de la nata, la mostaza y la mitad de la panceta frita (reserva el resto para decorar).

5

Vierte la cerveza y deja cocer a fuego lento, sin tapar, durante 20 minutos para que espese, removiendo de vez en cuando.

6

Retira la cazuela del fuego y añade poco a poco el queso. Sazona con sal y pimienta al gusto.

7

Sirve la sopa con el resto de la panceta y el queso rallado extra; espolvorea encima la cebolleta picada y un chorrito de aceite de oliva.

PASTINA AL GOCHUJANG

Esta receta combina *pastina in brodo*, el plato reconfortante por excelencia de todo niño italiano, con gochujang, una pasta de chile coreano dulce y picante.

Fácil de preparar y muy sabrosa, es una inyección garantizada de buen humor.

AÑADE UN POCO DE PICANTE

INGREDIENTES
2 raciones

500 ml (2 tazas) de caldo de parmesano o pollo (páginas 164 y 154-159)

100 g de pastina

2 cdas. generosas de gochujang

20 g (¼ taza) de parmesano rallado fino

PARA SERVIR

1 cebolleta cortada en diagonal

Aceite de sésamo para rociar

1 pizca de sésamo blanco y otra de sésamo negro

1

Lleva el caldo a ebullición en una cacerola grande a fuego medio-alto, añade la pastina y cuécela durante unos 5 minutos o hasta que esté tierna, removiendo de vez en cuando.

2

Agrega la pasta de gochujang y deja cocer otros 3 minutos. A continuación, añade el parmesano rallado y remueve bien.

3

Reparte la sopa en dos cuencos y cubre cada uno con un poquito de cebolleta, un chorrito de aceite de sésamo y una pizca de semillas de sésamo blanco y negro mezcladas.

CAPÍTULO 5

SOPAS QUE CURAN

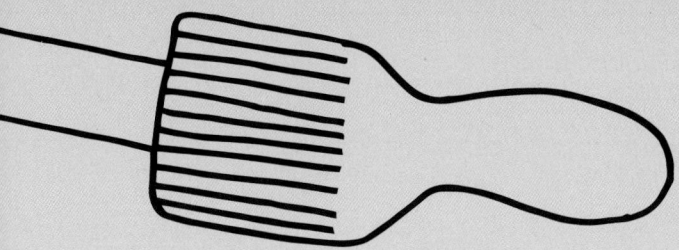

Además de por su delicioso sabor, la sopa es famosa desde tiempos inmemoriales por sus propiedades curativas.

Un cuenco de sopa calentita puede calmar un dolor de garganta, aliviar la congestión y aportar la hidratación que necesitamos cuando no nos encontramos bien.

El vapor que desprende un caldo caliente puede ayudar a despejar las fosas nasales y aliviar las molestias respiratorias.

Tanto si se trata de una sopa de pollo con fideos para combatir un resfriado como de un guiso de lentejas antiinflamatorio, el poder curativo de la sopa es innegable. Científicos de todo el mundo coinciden en que el caldo de pollo alivia los síntomas del resfriado, ¡pero no se ponen de acuerdo en cómo lo consigue ni por qué!

SOPA DE POLLO Y ORZO

JUSTO LO QUE ME RECETÓ EL DOCTOR

92

Una verdad como un templo: la sopa de pollo lo cura todo.

Sobre todo cuando se realza con limón recién exprimido y la acompaña pasta del tipo orzo.

INGREDIENTES
6 raciones

1 pollo entero (1,35-1,8 kg)

2 cdas. de pimienta en grano

2 hojas de laurel

1 cebolla pelada y partida por la mitad

3 tallos de apio picados

2 litros (8 tazas) de agua fría

3 dientes de ajo picados

200 g de orzo

Ralladura y zumo de 2 limones

1 cda. de vinagre de sidra de manzana

Sal y pimienta negra recién molida, al gusto

PARA SERVIR

Un puñado de perejil fresco picado

1

Coloca el pollo en una olla sopera grande a fuego fuerte con 1 cucharada de sal, los granos de pimienta, las hojas de laurel, la cebolla partida por la mitad y el apio. Vierte el agua y el vinagre de sidra de manzana y lleva a ebullición. A continuación, baja el fuego, tapa y cuece a fuego lento durante 1 hora, retirando la espuma a medida que suba con una espumadera.

2

Saca con cuidado el pollo de la olla y colócalo sobre una tabla de cortar. Deja que se enfríe un poco, retira las pechugas y resérvalas.

3

Vuelve a poner el resto del pollo en la olla y cuece a fuego lento durante 1 hora más.

4

Vuelve a sacar el pollo, déjalo enfriar y, a continuación, desmenúzalo en trozos del tamaño de un bocado, desechando la piel y los huesos.

5

Cuela el caldo con un colador fino en un cazo aparte. Así tendremos un caldo de pollo claro.

6

Vuelve a poner el pollo desmenuzado en la cazuela con el caldo. Déjalo hervir a fuego medio. Añade el ajo y la pasta y cuece entre 7 y 9 minutos o hasta que la pasta esté hecha.

7

Añade la ralladura y el zumo de limón, remueve bien y sazona al gusto con sal y pimienta.

8

Reparte la sopa en seis cuencos y adorna con un poco de perejil picado para darle color.

SOPA DE POLLO CON CUSCÚS

Esta sustanciosa sopa de pollo con cuscús perla o gigante, que es el hermano mayor del cuscús normal, pero con más textura, reconforta y sacia a partes iguales, y es perfecta para cuando la vida pide a voces un plato caliente y nutritivo.

INGREDIENTES

4 raciones

4 cdas. de aceite de oliva

2 pechugas de pollo deshuesadas y sin piel

2,25 litros (9 tazas) de caldo de pollo (páginas 154-159)

1 puerro, las partes blanca y verde claro en rodajas

2 zanahorias peladas y cortadas en rodajas

2 tallos de apio en rodajas

3 dientes de ajo picados

2 hojas de laurel

200 g de cuscús perla (gigante)

200 g (3 tazas) de col rizada desmenuzada

Sal y pimienta negra recién molida, al gusto

Zumo de 1 limón

1

Calienta 2 cucharadas de aceite de oliva en una sartén grande y honda a fuego medio. Salpimienta las pechugas de pollo y fríelas durante 5 minutos por cada lado.

2

Vierte el caldo de pollo y cuece a fuego lento durante 10 minutos, hasta que el pollo esté bien cocido.

3

Retira el pollo de la sartén y desmenúzalo con dos tenedores. Reserva.

4

En otra sartén grande, calienta las 2 cucharadas restantes de aceite de oliva a fuego medio. Añade el puerro, las zanahorias y el apio y rehógalos durante unos 5 minutos o hasta que las verduras empiecen a ablandarse.

5

Añade el ajo y rehoga un minuto más; luego vierte el caldo, añade las hojas de laurel y lleva a ebullición.

6

Cuando la sopa hierva, añade el cuscús, reduce a fuego lento, tapa y cuece 10-12 minutos o hasta que el cuscús esté bien cocido.

7

Añade la col rizada desmenuzada y cocina hasta que se reblandezca, unos 3 minutos, seguida del pollo desmenuzado.

8

Vierte el zumo de limón para darle un toque de sabor fresco y, si es necesario, prueba y rectifica de sal y pimienta.

9

Reparte la sopa en cuatro cuencos y sírvela caliente con unas últimas vueltas del molinillo de pimienta negra.

CONGEE

Como si se tratara de un sabroso cuenco de gachas calientes, el congee es justo lo que necesitas para un malestar estomacal o un resfriado.

INGREDIENTES

2 raciones

100 g (½ taza) de arroz jazmín o basmati

875 ml (3 tazas generosas) de caldo de pollo, verduras o setas (páginas 154-159, 162 y 168)

Un trozo de jengibre fresco del tamaño de un pulgar, cortado en rodajas

Sal y pimienta negra recién molida, al gusto

PARA SERVIR

2 cdas. de aceite de sésamo

100 g (1 taza) de rebozuelos (o cualquier otro tipo de seta, picadas si es necesario)

2 cebolletas cortadas en rodajas finas

Aceite de guindilla

1

Enjuaga bien el arroz, viértelo en una olla con el jengibre cortado en rodajas y cúbrelo con el caldo. Lleva a ebullición, reduce a fuego lento y cuece durante 1 hora, removiendo de vez en cuando, hasta que esté blando.

2

Casi al final de la cocción, comienza a preparar las setas salteadas. Calienta el aceite de sésamo en una sartén, añade los rebozuelos y cocínalos durante unos 7-10 minutos, hasta que reduzcan su tamaño y se doren.

3

Salpimienta el congee al gusto, repártelo en dos cuencos y sírvelo caliente. Agrega las setas, las cebolletas y un chorrito de aceite de guindilla.

SOPA DE SALMÓN Y VERDURAS

OMEGA-3 A MANSALVA

El salmón con costra de sésamo, acompañado de verduras de hoja en un caldo de citronela y jengibre, está repleto de grasas saludables y superalimentos antiinflamatorios.

INGREDIENTES

2 raciones

2 filetes de salmón (a ser posible, salvaje)

2 cdas. de aceite de oliva

40 g (¼ taza) de semillas de sésamo blanco

40 g (¼ taza) de semillas de sésamo negro

1 litro (4 tazas) de caldo de pollo o verduras (páginas 154-159 y 162)

1 trozo de jengibre fresco picado

2 tallos de citronela picados

70 g de hojas de col rizada, sin los tallos

250 ml (1 taza) de leche de coco

Sal y pimienta negra recién molida

PARA SERVIR

1 cebolleta cortada en diagonal

Aceite de guindilla para rociar

1

Precalienta el horno a 180 °C. Forra una bandeja de horno con papel de hornear.

2

Sazona los filetes de salmón con una pizca de sal y pimienta y, a continuación, rocíalos con el aceite de oliva. Cubre un filete con semillas de sésamo blanco y el otro con semillas de sésamo negro.

3

Mientras tanto, calienta a fuego lento el caldo, el jengibre y la citronela en una cazuela grande hasta que hierva.

4

Coloca el salmón en la bandeja forrada y hornéalo durante 10 minutos o hasta que esté bien hecho.

5

Cuando el caldo haya hervido a fuego lento durante 10 minutos, cuela el jengibre y la citronela. Agrega las hojas de col rizada y cuécelas hasta que se reblandezcan.

6

Vierte la leche de coco y remueve bien.

7

Retira la piel del salmón y corta los filetes en trozos del tamaño de un bocado.

8

Reparte el salmón en dos cuencos, vierte el caldo y adorna con cebolleta picada y un chorrito de aceite de guindilla.

SOPA DE AJO, CÚRCUMA Y LENTEJAS

Esta sopa va cargadita de ingredientes que combaten la gripe: cúrcuma, jengibre, ajo y caldo de pollo. Se prepara en 20 minutos y te garantizo que, cucharada a cucharada, mejora cualquier resfriado.

BOMBA ANTIOXIDANTE

INGREDIENTES
4 raciones

1 cda. de aceite de oliva

1 chalota cortada en rodajas

5-6 dientes de ajo picados

1 cda. de cúrcuma fresca rallada

2 cdas. de jengibre fresco rallado

250 g (1 taza) de lentejas rojas secas

1 litro (4 tazas) de caldo de pollo o verduras (páginas 154-159 y 162)

Zumo de 1 limón

Sal y pimienta negra recién molida, al gusto

PARA SERVIR

1 cda. de aceite de oliva

225 g de espinacas

Aceite de guindilla para rociar

1

Calienta el aceite de oliva en una olla grande a fuego medio, añade la chalota, el ajo, la cúrcuma y el jengibre y remueve para que se mezclen. Tapa y deja que los ingredientes suden durante unos 5 minutos o hasta que la chalota esté blanda y transparente.

2

Añade las lentejas y el caldo, lleva a ebullición, baja el fuego y cuece a fuego lento durante unos 15 minutos o hasta que las lentejas se ablanden y se deshagan.

3

Mientras tanto, prepara las espinacas. Calienta el aceite de oliva en una sartén aparte y saltéalas hasta que se reblandezcan.

4

Retira la sopa del fuego y añade el zumo de limón. Salpimienta al gusto y reparte en cuatro cuencos. Añade una cucharada de espinacas y un chorrito de aceite de guindilla.

MINESTRONE DE PRIMAVERA

La minestrone bien podría conocerse como la penicilina italiana: una sopa sustanciosa que lo cura todo y está repleta de verduras, caldo, pasta y, a veces, alubias.

Esta variación es ligera y vistosa, aprovechando los productos y las hierbas de primavera.

INGREDIENTES

4 raciones

2 cdas. de aceite de oliva

1 puerro, las partes blanca y verde claro cortadas en rodajas finas

2 dientes de ajo picados

1 litro (4 tazas) de caldo de pollo o verduras (páginas 154-159 y 162)

200 g de hilopites (pasta en cuadraditos de Grecia), orzo o arroz

150 g (1 taza) de guisantes

5 espárragos verdes cortados en rodajas finas

Unas hojas de cavolo nero (col rizada negra) picadas

PARA SERVIR

Aceite de oliva virgen extra para rociar

Ralladura de 1 limón

Unas ramitas de eneldo picadas

1

Calienta el aceite de oliva en una cacerola mediana a fuego medio-bajo y rehoga el puerro y el ajo durante unos 5 minutos o hasta que estén blandos y desprendan aroma (sin que lleguen a quemarse).

2

Añade el caldo y la pasta o arroz y cuece durante 2-3 minutos menos de lo indicado en las instrucciones del paquete, hasta que esté *al dente*.

3

Agrega los guisantes, los espárragos y el cavolo nero y cocina unos minutos más.

4

Reparte en cuatro cuencos y sirve con un chorrito de aceite de oliva virgen extra, una pizca de ralladura de limón y eneldo picado.

MINESTRONE DE VERANO

Esta minestrone de verano combina los calabacines de temporada y sus flores con los contundentes fusilli, y va coronada con un suculento toque de burrata.

INGREDIENTES

4 raciones

2 cdas. de aceite de oliva

1 calabacín amarillo cortado en cuartos longitudinales y en rodajas

1 calabacín verde cortado en cuartos y en rodajas

8 flores de calabacín

1 litro (4 tazas) de caldo de pollo o verduras (páginas 154-159 y 162)

200 g de pasta fusilli

Sal y pimienta negra recién molida, al gusto

PARA SERVIR

4 miniburratas (o 2 burratas de tamaño normal partidas por la mitad)

1

Calienta el aceite de oliva en una olla mediana a fuego medio, añade los calabacines y las flores y saltéalos suavemente unos minutos.

2

Vierte el caldo y cuece a fuego lento durante unos 10 minutos o hasta que los calabacines se ablanden.

3

Mientras tanto, cuece la pasta en una cazuela grande con agua salada durante 2 minutos menos de lo indicado en las instrucciones del paquete, escurre y pasa la pasta a la olla de la sopa.

4

Reparte en cuatro cuencos, salpimienta y añade una miniburrata o media burrata normal.

MINESTRONE DE OTOÑO

Con el frío llegan productos nuevos y más sustanciosos: calabaza, salvia y un caldo de ternera más sabroso hacen que esta minestrone sea perfecta para las temperaturas en descenso.

INGREDIENTES
4 raciones

2 cdas. de aceite de oliva

2 tallos de apio picados

125 g de calabaza hokkaido, sin pepitas, pelada y picada (peso ya preparada)

1 litro (4 tazas) de caldo de ternera (página 160)

200 g de pasta pequeña al gusto

110 g de espinacas

Sal y pimienta negra recién molida, al gusto

PARA SERVIR

2 cdas. de mantequilla

8 hojas de salvia

1

Calienta el aceite de oliva en una cacerola mediana a fuego medio, añade el apio, la calabaza y un poco de sal y pimienta y saltea suavemente durante unos 5 minutos o hasta que se ablanden.

2

Añade el caldo y cuece a fuego lento durante unos 20 minutos o hasta que el apio y la calabaza estén tiernos.

3

Prepara ahora el acompañamiento: calienta la mantequilla en una sartén pequeña y, cuando empiece a espumar, agrega las hojas de salvia. Fríelas unos minutos por cada lado hasta que estén crujientes, pero no quemadas. Reserva.

4

Mientras tanto, cuece la pasta en una olla grande con agua salada durante 2 minutos menos de lo indicado en las instrucciones del paquete.

5

Escurre la pasta y pásala a la olla de la sopa junto con las espinacas. Deja hervir a fuego lento otros 2 minutos.

6

Salpimienta la sopa al gusto, repártela en cuatro cuencos y adórnala con las hojas de salvia crujientes.

MINESTRONE DE INVIERNO

ARRIVEDERCI, RESFRIADOS DE INVIERNO

En esta receta aprovechamos los alimentos básicos de la despensa para preparar una sopa sustanciosa que nos parecerá una delicia incluso en los inviernos más oscuros.

INGREDIENTES

4 raciones

2 cdas. de aceite de oliva

1 chalota finamente picada

3 dientes de ajo picados en láminas finas

2 zanahorias grandes peladas y cortadas en dados

3 cdas. de tomate concentrado

1 litro (4 tazas) de caldo de pollo o verduras (páginas 154-159 y 162)

3 tallos de apio cortados en rodajas finas

1 calabacín cortado en cuartos longitudinales y en rodajas

1 cdta. de tomillo seco

1 lata de 400 g de tomate triturado

1 corteza de parmesano (opcional)

200 g de pasta pequeña al gusto (opcional)

1 lata de 400 g de alubias cannellini de lata, escurridas

200 g (3 tazas) de col rizada desmenuzada

Zumo de 1 limón

Sal y pimienta negra recién molida, al gusto

PARA SERVIR

2 cdas. de mantequilla

4 rebanadas de pan crujiente

35 g (½ taza) de parmesano recién rallado

Aceite de oliva virgen extra para rociar

1

Calienta el aceite de oliva en una olla grande a fuego medio-alto, añade la chalota, el ajo y las zanahorias y cocina durante unos 10 minutos, hasta que empiecen a dorarse, removiendo de vez en cuando.

2

Añade la pasta de tomate y rehoga durante 3 minutos, hasta que esté casi caramelizada.

3

Añade el caldo, el apio, el calabacín, el tomillo, el tomate triturado y la corteza de parmesano. Sazona con pimienta negra, lleva a ebullición, baja el fuego, tapa y cuece a fuego lento durante 20 minutos.

4

En otra cazuela con agua hirviendo y sal, cuece la pasta siguiendo las instrucciones del paquete. Escurre la pasta y resérvala.

5

Añade las alubias, la col rizada y el zumo de limón a la sopa y cuece hasta que la col rizada se reblandezca y las alubias se hayan calentado. Agrega la pasta cocida y remueve bien.

6

Mientras tanto, calienta la mantequilla en una sartén ancha y fríe las rebanadas de pan por ambos lados hasta que estén doradas.

7

Salpimienta la sopa y repártela en cuatro cuencos. Sírvela con el pan crujiente, el parmesano rallado y un chorrito de aceite de oliva virgen extra.

CAPÍTULO 6

SOPAS VIAJERAS

Deja el pasaporte en la puerta, abre
el armario de las especias y explora
el mundo desde la comodidad de tu
propia cocina.

Las recetas de este capítulo están
inspiradas en sopas tradicionales de
países cercanos y lejanos, a veces con
un ligero cambio para poner a prueba
tu paladar y ampliar los límites de tu
imaginación en cuestión de sabores,
texturas e ingredientes.

TOM KHA GAI

Transpórtate a los bulliciosos puestos callejeros de Bangkok con esta clásica sopa tailandesa dulce, picante, suave y con un toque cítrico.

INGREDIENTES
4 raciones

2 litros (8 tazas) de caldo de pollo (páginas 154-159)

35 g (¼ taza) de galanga cortada en rodajas finas

20 g (¼ taza) de citronela (aproximadamente 1 tallo) cortada en rodajas

20 g (¼ taza) de hojas de lima makrut (kaffir)

1 cda. de salsa de pescado

90 g (½ taza) de tomates cherry

2-3 cdas. de pasta tom kha (opcional, pero muy recomendable)*.

2 pechugas de pollo cortadas en trozos pequeños

250 ml (1 taza) de leche de coco de lata

80 g (1 taza) de champiñones (opcional)

Se puede encontrar en la mayoría de los supermercados asiáticos.

PARA SERVIR

370 g (2 tazas) de arroz jazmín al vapor

2 limas cortadas en gajos

Un chorrito de aceite de guindilla

25 g (½ taza) de cilantro fresco picado

1

Mezcla el caldo, la galanga, la citronela, las hojas de lima, la salsa de pescado, los tomates y la pasta de tom kha en una cacerola grande y lleva a ebullición; luego, reduce el fuego y cuece a fuego lento durante al menos 30 minutos para que se impregnen los aromas.

2

Pincha los tomates cherry para que suelten su sabor y, a continuación, cuela la sopa con un colador fino para retirar todos los ingredientes sólidos. Vuelve a verter el caldo en la cacerola.

3

Añade la pechuga de pollo troceada al caldo, junto con la leche de coco y los champiñones. Cuece a fuego lento durante 10 minutos o hasta que el pollo esté bien hecho.

4

Reparte en cuatro cuencos y sirve con arroz jazmín al vapor, gajos de lima para exprimir, un poco de aceite de guindilla y abundante cilantro fresco.

SOPA DE COCO Y CURRY ROJO

Nutritiva, pero picante y suave, esta sopa te hará entrar en calor por dentro y por fuera en la estación más fría. Con todo el sabor de un curry rojo, pero un poco más ligera y fácil de tomar.

INGREDIENTES
4 raciones

2 cdas. de aceite de coco

2-4 cdas. de pasta de curry rojo tailandés

1 lata de 400 ml de leche de coco

1 litro (4 tazas) de caldo de pollo o verduras (páginas 154-159 y 162)

2 cdas. de salsa de pescado

1 cda. de azúcar moreno o al gusto

Zumo de 1 lima

Sal al gusto

PARA SERVIR

370 g (2 tazas) de arroz rojo cocido (o arroz jazmín)

Un puñado de cilantro fresco

2 cebolletas en rodajas

40 g (¼ taza) de semillas de sésamo

1
Calienta el aceite de coco en una cacerola grande a fuego medio, agrega la pasta de curry y cocínala durante 1-2 minutos, hasta que desprenda aroma.

2
Vierte la leche de coco y el caldo y calienta a fuego medio-alto hasta que empiece a hervir.

3
Añade la salsa de pescado, el azúcar moreno y el zumo de lima. Prueba y rectifica de sal y azúcar.

4
Cuece a fuego lento otros 10 minutos para que se mezclen los sabores.

5
Reparte el arroz en cuatro cuencos, vierte la sopa y adorna con cilantro, cebolleta en rodajas y semillas de sésamo.

PHO RÁPIDO

No todo el mundo dispone de 24 horas para preparar un auténtico caldo de pho tradicional.

Con esta versión abreviada y fácil de hacer conseguirás disfrutar del sabor vietnamita en mucho menos tiempo.

INGREDIENTES PARA EL CALDO

4 raciones

2 litros (8 tazas) de caldo de ternera o pollo (páginas 154-159 y 160)

1 cebolla pelada y partida por la mitad

3 dientes de ajo pelados

2,5 cm de jengibre fresco cortado en rodajas

1 rama de canela

2 piezas de anís estrellado

2 clavos de olor

1 cda. de salsa de pescado

Sal y azúcar al gusto

PARA SERVIR

200 g de fideos de arroz planos

Cebolla roja cortada fina

Cebolleta cortada fina

Guindilla roja en rodajas

Gajos de lima

Aceite de sésamo para rociar

Salsas sriracha y hoisin (opcionales)

1

En una cacerola grande, mezcla el caldo con la cebolla partida por la mitad, los dientes de ajo machacados, el jengibre cortado, la rama de canela, el anís estrellado y los clavos. Cuece a fuego medio-alto y llévalo a ebullición, luego sigue cociendo a fuego lento durante unos 20-30 minutos para que el caldo se impregne de sabor.

2

Retira y desecha las especias y plantas aromáticas, vierte la salsa de pescado y sazona el caldo con sal y azúcar al gusto. Rectifica la sazón según sea necesario para obtener un sabor equilibrado.

3

Mientras el caldo hierve a fuego lento, cuece los fideos de arroz siguiendo las instrucciones del paquete. Escúrrelos y enjuágalos bajo un chorro de agua fría para evitar que se peguen.

4

Reparte los fideos de arroz cocidos en cuatro cuencos y vierte el caldo caliente por encima.

5

Sirve cada cuenco adornado con rodajas finas de cebolla roja, cebolleta y guindilla, gajos de lima, un chorrito de aceite de sésamo y las salsas adicionales que te apetezcan.

SOPA DE WONTON DOBLADO

Estos wonton triangulares son fáciles de elaborar y están repletos de sabrosas hierbas tailandesas.

NO HACE FALTA SABER HACER WONTONS

INGREDIENTES
4 raciones

1 paquete de obleas de wonton cuadradas congeladas

400 g de carne picada de cerdo (o pollo)

1 puñado de albahaca tailandesa finamente picada

1 puñado de cilantro finamente picado

2 cebolletas finamente picadas

2 dientes de ajo picados

1-2 guindillas rojas finamente picadas

1 cda. de tamari o salsa de soja

1 cda. de aceite de sésamo

1 cdta. de salsa de pescado

PARA SERVIR

1 litro (4 tazas) de caldo de pollo (páginas 154-159)

2 cdas. de tamari o salsa de soja

1

En primer lugar, saca los envoltorios u obleas de wonton del congelador para descongelarlos.

2

En un bol, mezcla la carne picada de cerdo o pollo con el resto de los ingredientes.

3

Comienza a calentar el caldo en una cacerola pequeña.

4

Prepara un cuenco pequeño con agua. Añade una cucharada pequeña de relleno a una oblea de wonton, humedece el borde con un poco de agua y dóblalo en forma de triángulo. Procede igual con todas las obleas hasta agotar el relleno.

5

Para hacer los wonton al vapor, pon una cazuela con agua a hervir y, a continuación, coloca encima una cesta forrada o vaporera. Coloca unos cuantos y cuécelos al vapor, por tandas, durante 7-8 minutos.

6

Reparte los wontons al vapor en cuatro cuencos y sírvelos bañados en caldo de pollo caliente (con un toque opcional de tamari o salsa de soja para ensalzar el sabor).

EQUIPO NECESARIO
Cesta vaporera

SOPA DE FIDEOS AL CURRY VERDE

Para esta receta es mejor disponer de una batidora potente: te saldrá una sopa color verde vivo con un sabor intenso.

Puedes añadirle pollo o tofu para convertirla en un plato aún más sustancioso.

INGREDIENTES

4 raciones

2 cdas. de aceite de coco

1 manojo de cebolletas picadas

1 trozo grande de jengibre fresco picado en trozos grandes

3 dientes de ajo picados

2 cdas. de pasta de curry verde

300 ml de leche de coco de lata, bien batida

60 g (2 tazas) de cilantro fresco

10 g (½ taza) de albahaca tailandesa (opcional)

1 cdta. de salsa de pescado

1 litro (4 tazas) de caldo de pollo (páginas 154-159)

200 g (3 tazas) de cavolo nero picado (col rizada)

PARA SERVIR

200 g de fideos de arroz

Unos gajos de lima

1 guindilla roja en rodajas

2 cdas. de semillas de sésamo blanco

1

Calienta el aceite de coco en una cacerola grande a fuego medio y añade las cebolletas, el jengibre y el ajo. Hazlos durante unos 3 minutos, hasta que se ablanden y desprendan aroma.

2

Añade la pasta de curry y remueve sin parar durante un minuto, asegurándote de que todos los ingredientes quedan bien impregnados; vierte después la leche de coco.

3

Pásalo todo a una batidora y añade el cilantro, la albahaca tailandesa y la salsa de pescado. Tritura durante al menos un minuto, hasta que la mezcla adquiera un color verde intenso. A continuación, vierte el caldo de pollo y bate hasta obtener una mezcla homogénea.

4

Vuelve a poner la sopa en la olla y déjala hervir a fuego lento. A continuación, añade el cavolo nero y deja cocer hasta que este empiece a ablandarse.

5

Mientras tanto, cuece los fideos de arroz siguiendo las instrucciones del paquete.

6

Reparte los fideos en cuatro cuencos, vierte el caldo y el cavolo nero por encima y sirve con gajos de lima, rodajas de guindilla y semillas de sésamo.

FRITTATENSUPPE

¡SOPA DE TORTITAS!

Solo en Austria las tortitas saladas se transforman en fideos.

Se trata de una sopa divertida y reconfortante y, para mí, un plato básico durante todo el año.

INGREDIENTES
4 raciones

2 huevos

80 g (⅔ taza) de harina común

125 ml (½ taza) de leche

2 cdas. de aceite o mantequilla derretida y alguna más extra para freír las tortitas

2 cdas. de hierbas picadas (como cebollino o eneldo) y un poco más para servir

Una pizca de sal

1 litro (4 tazas) de caldo de ternera o pollo (páginas 154-159 y 160)

1

Bate todos los ingredientes, excepto el caldo, en un cuenco hasta obtener una masa espesa.

2

Calienta un poco de aceite o mantequilla en una sartén antiadherente a fuego medio, vierte un cucharón de masa para formar una tortita y cocínala por ambos lados hasta que se dore. Retírala con una espátula a un plato para que se enfríe.

3

Repite el paso anterior hasta que hayas utilizado toda la masa.

4

Enrolla las tortitas, córtalas en tiras finas y repártelas en cuatro cuencos. Calienta el caldo, viértelo sobre las tortitas y sirve con un poco de cebollino picado.

KNÖDEL DE SETAS

PUEDE PROVOCAR GANAS IRRESISTIBLES DE CANTAR YODEL

Este es otro de los platos favoritos de los austriacos, unas knödel (albóndigas) esponjosas que son una bomba de sabor gracias al speck salado y las setas silvestres. Además, constituyen un complemento excepcional y delicioso para la sopa.

INGREDIENTES
4 raciones

2 huevos

250 ml (1 taza) de leche

200 g de pan duro cortado en dados de 1 cm

2 cdas. de mantequilla

1 chalota picada

100 g (1 taza) de rebozuelos (o cualquier otro tipo de seta) limpios y picados

60 g (¼ taza) de speck picado o panceta

1 puñado de perejil picado

2 cdas. de harina común

Sal

1 litro (4 tazas) de caldo de pollo (páginas 154-159)

PARA SERVIR

Cebollino picado

1

En un cuenco grande, bate los huevos con la leche, añade los dados de pan y mezcla bien.

2

Calienta la mantequilla en una sartén a fuego medio-bajo, añade la chalota y los rebozuelos y sofríelos durante unos 5-10 minutos, removiendo a menudo.

3

En una sartén aparte, fríe la panceta o el speck hasta que esté crujiente.

4

Incorpora el perejil a la mezcla de chalota y rebozuelos.

5

Agrega todos los ingredientes cocidos al cuenco con los dados de pan. Mezcla bien, añade la harina y deja reposar unos 15 minutos.

6

Forma bolas del tamaño de una pelota de golf con la mezcla.

7

Pon a hervir agua con sal en una olla grande y cuece las albóndigas durante 10 minutos.

8

Reparte las knödel en cuatro cuencos. Calienta el caldo, viértelo sobre las albóndigas y sírvelo todo coronado con cebollino picado.

AJIACO

En Colombia, el ajiaco suele llevar tres tipos de patata, incluida una variedad llamada papa criolla, así como una hierba llamada guascas. Aunque quizás no sea la más fiel a la original, mi versión lleva ingredientes que se pueden conseguir sin problema en los supermercados convencionales.

INGREDIENTES
4 raciones

2 pechugas de pollo

2 mazorcas de maíz fresco partidas por la mitad

3 cebolletas enteras

2 dientes de ajo picados

2 litros (8 tazas) de caldo de pollo (páginas 154-159)

280 g (2 tazas) de patatas pequeñas peladas

Sal y pimienta negra recién molida, al gusto

PARA SERVIR

25 g (½ taza) de cilantro fresco picado

125 g (½ taza) de nata fresca o agria

60 g (½ taza) de alcaparras

1

Pon el pollo, el maíz, las cebolletas, el ajo y una pizca de sal y pimienta en una cacerola grande. Añade el caldo y lleva a ebullición, luego baja el fuego y deja cocer a fuego lento durante unos 30 minutos, hasta que el pollo esté cocido y tierno.

2

Retira el pollo y resérvalo. Sigue cociendo el caldo unos 10-15 minutos más.

3

Retira y desecha las cebolletas, agrega las patatas y cuece 15 minutos más.

4

Desmenuza la pechuga de pollo, devuélvela a la cazuela y salpimienta al gusto.

5

Reparte la sopa en cuatro cuencos, sirve cada uno con media mazorca de maíz y adórnalos con una cantidad generosa de cilantro, una cucharada de nata agria y otra de alcaparras.

POZOLE VERDE

El pozole es un guiso mexicano lleno de vida y sabor que lleva maíz cacahuazintle (granos de maíz grandes y blancos tratados con métodos ancestrales para que queden esponjosos y crujientes, con un característico sabor a nuez).

La receta original de una variante verde de esta sopa me la proporcionó el amigo de un amigo; esta versión es una interpretación mía.

INGREDIENTES

4 raciones

4 cdas. de aceite de oliva

2 pechugas de pollo

1,5 litros (6 tazas) de caldo de pollo (páginas 154-159)

200 ml (1 taza) adicionales de caldo para escalfar el pollo

1 cebolla picada

4 dientes de ajo picados

1 cdta. de comino molido

1 bote de 400 g de salsa de chile verde

1 lata de 113 g de chiles verdes picados*.

2 latas de 400 g de maíz cacahuazintle cocido*.

50 g (1 taza) de cilantro fresco picado

Sal y pimienta negra recién molida, al gusto

Puedes encontrar los chiles verdes y el maíz pozolero en lata en Internet o en supermercados especializados.

PARA SERVIR

Nata agria

Cebolla roja encurtida superrápida (página 143)

1

Calienta 2 cucharadas de aceite de oliva en una sartén pequeña a fuego medio. Salpimienta las pechugas de pollo por ambos lados, colócalas en la sartén y cocínalas durante 5 minutos por cada lado.

2

Vierte una taza de caldo de pollo y deja cocer a fuego lento durante 10 minutos o hasta que el pollo esté bien hecho.

3

Retira el pollo de la sartén y desmenúzalo con dos tenedores. Reserva el pollo y desecha el caldo.

4

Añade la cebolla, el ajo, el comino y 1 cucharadita de sal y otra de pimienta a una sartén grande y rehoga en el aceite de oliva restante hasta que se ablanden, removiendo constantemente (procura que el ajo no se queme).

5

Agrega el caldo de pollo, la salsa, los chiles verdes y el maíz, lleva a ebullición, baja el fuego y deja cocer a fuego lento durante al menos 30 minutos, removiendo de vez en cuando. Vierte más caldo de pollo si es necesario.

6

Comprueba el sabor y rectifica de sal y pimienta si es necesario. Cuece a fuego lento otros 10 minutos e incorpora el pollo desmenuzado.

7

Añade el cilantro picado y reparte en cuatro cuencos. Sirve con nata agria y un poco de cebolla roja encurtida.

BORSCHT

Originario de Ucrania y popular en toda Europa del Este, el borscht es un plato colorido rebosante de verduras nutritivas.

La versión que presento a continuación es 100 % vegetal, rápida y fácil de preparar.

INGREDIENTES
4 raciones

2 cdas. de aceite de oliva

2 cebollas en rodajas

2 zanahorias grandes, peladas y cortadas en juliana

500 g de remolacha rallada

1,5 litros (6 tazas) de caldo de verduras (página 162)

½ col blanca grande, rallada

Zumo de 1 limón

Sal y pimienta negra recién molida, al gusto

PARA SERVIR

Nata agria

Un puñadito de perejil y cebollino picados

1

Calienta el aceite de oliva en una cacerola grande a fuego medio, añade las cebollas, las zanahorias y la remolacha (reserva aproximadamente una taza de la remolacha rallada para servir) y saltea durante unos 10 minutos suavemente.

2

Vierte el caldo y lleva a ebullición; luego, añade la col rallada y cuece a fuego lento durante unos 20 minutos o hasta que todas las verduras estén tiernas.

3

Incorpora la remolacha rallada reservada y deja cocer a fuego lento otros 3 minutos.

4

Sazona al gusto con sal, pimienta y zumo de limón fresco.

5

Sírvelo en cuatro cuencos y coloca sobre cada uno una cucharada de nata agria y un poco de perejil y cebollino picados.

GUISO DE CACAHUETES DE ÁFRICA OCCIDENTAL

Inspirado en recetas de África occidental, este guiso es sustancioso, un poco picante y hecho exclusivamente a base de plantas.

Perfecto para alegrar un día gris y saciar un estómago hambriento, mi versión lleva calabaza y jengibre, que aportan un toque extra de calor invernal.

INGREDIENTES

4 raciones

2 cdas. de aceite de oliva

3 chalotas picadas

4 dientes de ajo grandes, picados

3 cdas. de jengibre fresco picado

1 cda. de cilantro molido

2 jalapeños cortados en dados (sin semillas para un plato menos picante)

1 calabaza pequeña, sin pepitas, pelada y cortada en dados

1 lata de 400 g de tomates troceados

1 lata de 400 g de garbanzos

1 litro (4 tazas) de caldo de verduras (página 162)

250 g (1 taza) de mantequilla de cacahuete suave (natural y sin azúcar)

675 g (3 tazas) de espinacas tiernas

Zumo de 1 limón

Sal y pimienta negra recién molida, al gusto

PARA SERVIR

80 g (½ taza) de cacahuetes salados tostados, triturados

15 g (¼ taza) de cilantro picado

1 jalapeño en rodajas

1

Calienta el aceite en una cacerola grande a fuego medio. Añade las chalotas, el ajo, el jengibre, el cilantro molido y los jalapeños y saltea durante unos 10 minutos o hasta que estén blandos y desprendan aroma.

2

Añade la calabaza, los tomates, los garbanzos y el caldo y cuece a fuego lento durante unos 20 minutos o hasta que la calabaza esté tierna.

3

Retira la sartén del fuego, añade la mantequilla de cacahuete y las espinacas. Cubre con una tapa y deja reposar unos minutos para que las espinacas se reblandezcan.

4

Añade el zumo de limón y salpimienta al gusto.

5

Sirve adornado con una cucharada de cacahuetes tostados, cilantro fresco y unas rodajas de jalapeño.

SOPA DE BODA ITALIANA

Hay varias teorías sobre por qué se llama «sopa de boda». La principal sostiene que surgió de una mala traducción de *minestra maritata* ('sopa casada'), que en realidad hace referencia al sabor resultante de la combinación o «matrimonio» de las verduras y la carne. Sea como fuere, esta sopa cumple con todos los requisitos de la temporada de sopas. A decir verdad, es imposible que te equivoques con esta mezcla de pasta corta, minialbóndigas, verduras tiernas y caldo de pollo.

INGREDIENTES PARA LAS ALBÓNDIGAS

4 raciones

500 g de carne de pollo picada

½ cebolla rallada

1 huevo

1 diente de ajo picado

Un puñado de perejil picado

1 cdta. de sal

½ cdta. de pimienta negra recién molida

PARA LA SOPA

2 cdas. de aceite de oliva

½ cebolla blanca picada

1 diente de ajo en láminas

2 zanahorias peladas, cortadas en cuartos y picadas

3 tallos de apio picados

100 g de pasta pequeña al gusto

1-1,5 litros (4-6 tazas) de caldo de pollo (páginas 154-159)

Un puñado de espinacas

PARA SERVIR

Zumo de 1 limón

1

Precalienta el horno a 180 °C. Forra una bandeja de horno con un tapete de silicona o con papel de horno.

2

Mezcla todos los ingredientes de las albóndigas en un cuenco y dales forma de bolita (más pequeñas que una pelota de ping-pong, pero más grandes que una canica).

3

Coloca las albóndigas en fila en la bandeja y hornéalas durante unos 15 minutos (compruébalas a los 10 minutos; el tiempo de cocción dependerá del tamaño). Reserva.

4

Para la sopa, calienta el aceite de oliva en una sartén grande a fuego medio, añade la cebolla y el ajo y sofríelos durante unos 5 minutos, hasta que desprendan aroma.

5

Añade las zanahorias y el apio, tapa y cocina unos 10 minutos o hasta que las verduras estén blandas.

6

Añade la pasta y las albóndigas, vierte el caldo de pollo y deja cocer a fuego lento durante 15 minutos.

7

Añade las espinacas y cuece a fuego lento 5 minutos más.

8

Sirve caliente con un chorrito de zumo de limón.

CAPÍTULO 7

Tomarse una sopa fría en un abrasador
día de verano es como encontrarse con
un oasis refrescante.

Estas creaciones fresquitas y alegres
son ideales para un pícnic, una comida
en el jardín o simplemente para disfrutar
de una bebida fría.

SOPA FRÍA DE MAÍZ DULCE

¡NO TAN DULCE!

138

Este gazpacho de maíz, dulce y picante, lleva un aderezo de hierbas, aceite de oliva, semillas de sésamo negro y guindilla fresca.

El capricho perfecto para el final del verano.

INGREDIENTES

4 raciones

2 cdas. de aceite de oliva

2 chalotas picadas

Un trozo grande de jengibre fresco, pelado y picado

4 mazorcas de maíz frescas, separando los granos (no tires las mazorcas desgranadas todavía)

1 lata de 400 ml de leche de coco

250-500 ml (1-2 tazas) de caldo de pollo o verduras (páginas 154-159 y 162)

PARA SERVIR

25 g (½ taza) de hierbas picadas al gusto

2 cdas. de semillas de sésamo negro

½ chile jalapeño en rodajas

Un chorrito de aceite de oliva

1

Calienta el aceite de oliva en una cacerola mediana a fuego medio, añade las chalotas y el jengibre y sofríe, tapado, durante unos 5 minutos o hasta que desprendan aroma, pero sin que lleguen a quemarse.

2

Añade los granos de maíz y cocina otros 10 minutos o hasta que los granos se hayan ablandado.

3

Vierte la leche de coco y 250 ml (1 taza) del caldo y agrega las mazorcas desgranadas (le darán sabor). Cuece a fuego lento durante unos 15 minutos.

4

Retira las mazorcas y haz un puré con la batidora de mano o de vaso. Déjalo enfriar y mételo en el frigorífico unas horas.

5

Sirve adornada con las hierbas picadas, las semillas de sésamo, unas rodajas de jalapeño y un chorrito de aceite de oliva.

GAZPACHO DE CEREZAS

Este gazpacho
toma prestadas las
jugosas cerezas de
pleno verano para
un toque natural
de dulzor.

INGREDIENTES
4 raciones

6 tomates grandes y
maduros, sin corazón
ni pepitas

½-1 cebolla roja picada
en trozos grandes

1-2 dientes de ajo pelados

2 pepinos pelados y sin
pepitas

1 pimiento rojo picado
grueso

380 g (2 tazas) de cerezas
deshuesadas

3 cdas. de vinagre de
Jerez o vino tinto

3 cdas. de aceite de oliva

Un puñado de cubitos de
hielo

Sal y pimienta negra
recién molida, al gusto

PARA SERVIR

1–2 guindillas pequeñas,
verdes o amarillas, sin
semillas y picadas

Aceite de oliva virgen
extra para rociar

90 g (½ taza) de cerezas
deshuesadas y partidas
por la mitad

1

Pon todos los ingredientes de la
sopa, excepto los condimentos,
en una batidora de alta velocidad
(por tandas, si es necesario)
y tritúralos hasta obtener la
consistencia deseada.

2

Sazona al gusto con sal y pimienta
y deja enfriar en el frigorífico durante
unas horas.

3

Sirve el gazpacho adornado con
unas rodajas de guindilla, un chorrito
de aceite de oliva y unas cuantas
cerezas cortadas por la mitad.

GAZPACHO VERDE

Elaborada con pepinos hidratantes, yogur griego rico en proteínas y muchas hierbas frescas, con esta sopa te sentirás como si pasaras la tarde en un spa.

INGREDIENTES
4 raciones

2 pepinos pelados y sin pepitas

500 g (2 tazas) de yogur griego (o yogur de coco)

1 chalota pelada

1 diente de ajo pelado

60 ml (¼ taza) de un buen aceite de oliva

Zumo de 1 limón

Una pizca generosa de sal

60 g (2 tazas) de hierbas tiernas (como menta, albahaca, perejil, eneldo y cilantro)

PARA SERVIR

1 cebolla roja, cortada en rodajas finas

Sal al gusto

Vinagre blanco al gusto

Un chorrito de salsa picante

Aceite de oliva para rociar

1

Para encurtir rápidamente la cebolla, que hará de topping, espolvorea en un cuenco pequeño la cebolla roja cortada en rodajas finas con un poco de sal y cúbrela con vinagre blanco. Remueve bien con una cuchara y deja reposar unos 10 minutos. Retírala con un tenedor cuando la vayas a utilizar.

2

Añade todos los ingredientes de la sopa a una batidora y tritúralos hasta obtener una mezcla homogénea.

3

Deja enfriar en el frigorífico durante 2-3 horas.

4

Sirve el gazpacho con un chorrito de salsa picante, otro de aceite de oliva y un poco de cebolla roja encurtida.

GAZPACHO TAILANDÉS DE ALBAHACA

El aceite de sésamo, el vinagre de arroz, la citronela y la albahaca tailandesa impregnan la base de un gazpacho español clásico para darte una jugosa y picante sorpresa.

INGREDIENTES
4 raciones

6 tomates grandes y maduros, sin corazón ni pepitas

½-1 cebolla roja picada en trozos grandes

1-2 dientes de ajo pelados

2 pepinos pelados y sin pepitas

1 pimiento rojo picado

3 cdas. de vinagre de arroz

3 cdas. de aceite de sésamo

2 cdas. de jengibre rallado

2 cdas. de citronela picada

2 cdas. de albahaca tailandesa picada

1 cdta. de guindilla picada (o más si te gusta el picante)

1 cda. de salsa de soja o tamari

Un puñado de cubitos de hielo

1 cdta. de sal o salsa de pescado

PARA SERVIR

Aceite de sésamo para rociar

40 g (¼ taza) de semillas de sésamo

2 cdas. de cebollino picado

1

Coloca todos los ingredientes de la sopa en el vaso de una batidora y tritúralos hasta obtener un puré homogéneo.

2

Enfría en el frigorífico durante 2-3 horas.

3

Sirve con un chorrito de aceite de sésamo, una pizca de semillas de sésamo y el cebollino fresco picado.

SOBA FRÍA

¡BRRRRR!

146

¿Por qué las sopas de fideos deben quedar relegadas al invierno?

Los cubitos de hielo son opcionales, pero recomendables para los días más calurosos.

INGREDIENTES
4 raciones

40 g (½ taza) de alga
wakame seca
200 g de fideos soba
1 litro (4 tazas) de caldo
de setas frío (página 168)

PARA SERVIR

8 cubitos de hielo
30 g (¼ taza) de furikake

1

Rehidrata el alga wakame: colócala en un cuenco, cúbrela con agua y déjala reposar durante 5 minutos. Escurre luego el exceso de agua.

2

Cuece los fideos soba siguiendo las instrucciones del paquete y repártelos en cuatro cuencos.

3

Añade un poco de alga rehidratada a cada cuenco y vierte el caldo sobre los fideos.

4

Añade 2 cubitos de hielo a cada cuenco, espolvorea por encima el furikake y sírvelo frío.

FIDEOS SOBA CON ESENCIA DE TOMATE

CON TEMPURA DE SALVIA

148

La esencia de tomate fría, ligeramente dulce, un pelín picante y rebosante de sabor, es el telón de fondo perfecto para presentar unos deliciosos fideos soba y una crujiente tempura de salvia.

INGREDIENTES

4 raciones

170 g (1 taza) de tomates cherry

200 g de fideos soba

1 litro (4 tazas) de esencia de tomate (página 166)

PARA LA TEMPURA DE SALVIA

70 g (⅓ generoso de taza) de harina de arroz, más otro poco para espolvorear

½ cdta. de levadura en polvo

100 ml (⅓ generoso de taza) de agua fría

Aceite neutro para freír

10 hojas de salvia lavadas y secas

PARA SERVIR

Aceite de oliva virgen extra para rociar

40 g (¼ taza) de semillas de sésamo blanco

1

Para la tempura de salvia, mezcla la harina de arroz, la levadura y el agua fría en un cuenco hasta que se integren; no los mezcles demasiado.

2

Calienta aceite para freír en una sartén a 160 °C o hasta que un trozo de pan chisporrotee y se dore en 50 segundos.

3

Cuando las hojas de salvia estén secas, espolvoréalas con harina de arroz. Sumerge cada hoja en la masa, luego mételas en el aceite caliente y fríelas durante 1-2 minutos o hasta que estén crujientes.

4

Retíralas con una espumadera y colócalas en un plato forrado con una servilleta de papel para reservarlas hasta que se usen.

5

Escalda los tomates cherry durante 1 minuto en agua hirviendo y reserva. Una vez fríos, quítales la piel con cuidado.

6

Cuece los fideos soba siguiendo las instrucciones del paquete.

7

Escurre los fideos, repártelos en cuatro cuencos y vierte por encima la esencia de tomate.

8

Decora cada cuenco con un puñado de tomates escaldados, unas hojas de tempura de salvia, un chorrito de aceite de oliva y semillas de sésamo.

VICHYSSOISE ADEREZADA CON HIERBAS

La vichyssoise, fría por naturaleza, es una sopa de verano, pero, en mi opinión, un buen aderezo puede hacerla más refrescante.

Esta versión es un poco más ligera, ya que se compone mitad de patatas y mitad de apionabo, y va aderezada con una sabrosa mezcla de hierbas que animan la cremosa base fría de patatas.

INGREDIENTES

4 raciones

2 cdas. de aceite de oliva o mantequilla

3 puerros, solo la parte blanca, limpios y picados

400 g de patatas peladas y troceadas (reserva la piel para decorar)

400 g de apionabo pelado y picado

1 litro (4 tazas) de caldo de pollo o verduras (páginas 154-159 y 162)

Sal y pimienta negra recién molida, al gusto

PARA SERVIR

60 ml (¼ taza) de aceite de oliva y un poco más para hornear las pieles de patata

25 g (½ taza) de hierbas tiernas (como perejil, eneldo y albahaca)

1

Precalienta el horno a 180 °C. Forra una bandeja de horno con papel de hornear.

2

Calienta el aceite o la mantequilla en una cacerola grande a fuego medio, añade los puerros junto con una pizca de sal y pimienta y cocínalos 5 minutos o hasta que estén tiernos y desprendan aroma (ten cuidado de que no se quemen).

3

Añade las patatas y el apionabo, cubre con el caldo y cuece a fuego lento durante 25-30 minutos o hasta que las patatas estén tiernas.

4

Mientras tanto, mezcla las pieles de patata reservadas con un chorrito de aceite de oliva, cubriendo bien cada trozo. Colócalas en la bandeja del horno, espolvoréalas con sal y hornéalas unos 10 minutos o hasta que estén crujientes. Retira y reserva.

5

Pon las hierbas en un cuenco pequeño y rocíalas con 60 ml (¼ taza) de aceite de oliva. Reserva.

6

Una vez cocidas las verduras, tritura la sopa con una batidora de mano o de vaso hasta que quede muy suave y salpimienta al gusto.

7

Reparte la sopa en cuatro cuencos y adórnala con un chorrito de las hierbas en aceite y unas cuantas mondaduras de patata crujientes.

CAPÍTULO 8

EL ABC de los CALDOS

No hay nada como un buen caldo casero. Ya sea directamente de una taza o como base para una sopa, tomarlo es como sentir un abrazo reconfortante en un día frío o gris. Además de ser una poderosa fuente de energía, repleta de micronutrientes y minerales (y de colágeno y grasas saludables si se hace con huesos), el simple hecho de preparar una olla grande de caldo es terapéutico en sí mismo. La mayoría de las veces me decanto por el caldo de pollo, por su sabor versátil y sus beneficios para la salud y el sistema inmunitario, pero en este capítulo he incluido varias alternativas a base de verduras.

Hay innumerables formas de preparar caldo desde cero y el ingrediente más importante suele ser el tiempo.

NOTA: Si prefieres el caldo concentrado o los cubitos de caldo, no hay problema. Aunque merece la pena, hacerlo desde cero requiere mucho tiempo. Estar todo el día pendiente de una olla de caldo hirviendo a fuego lento parece romántico, pero no siempre es posible. Cuando compres caldo concentrado o en cubitos, fíjate en los ingredientes y asegúrate de que no contengan cantidades innecesarias de potenciadores del sabor o azúcares.

Caldo de pollo: con un pollo entero

El caldo de pollo es un remedio para todo tipo de dolencias, ya sean físicas o emocionales. Hay innumerables formas de prepararlo. Voy a compartir tres métodos básicos: el primero, utilizando un pollo entero; el segundo, utilizando una carcasa de pollo, y el tercero, utilizando solo las alas. En los tres métodos, el vinagre de sidra de manzana descompone el colágeno y consigue que el caldo salga más nutritivo.

INGREDIENTES
Para 1,5 litros aproximadamente (6 tazas)

1 pollo entero de 1,5 kg, de corral si es posible

2,5 litros (10 tazas) de agua fría

2 cebollas o chalotas, sin pelar, partidas por la mitad

2 tallos de apio

2 dientes de ajo, sin pelar, partidos por la mitad

1 cda. de pimienta en grano

2 hojas de laurel

5 ramitas de perejil fresco

1 cda. de sal

1 cda. de vinagre de manzana

3 cebolletas: 1 picada y el resto, enteras para guarnición (opcional)

1

Pon el pollo en una olla o cacerola grande y cúbrelo con el agua. Lleva a ebullición y, a continuación, reduce a fuego lento y retira la espuma de la superficie.

2

Añade el resto de ingredientes, excepto la cebolleta picada y cuece a fuego muy lento (apenas debe burbujear) durante al menos 1 hora, pero, cuanto más tiempo, mejor (a mí me gusta cocerlo unas 6 horas). Si se deja más de 1 hora, debes retirar las pechugas de pollo, ya que se secan si se cuecen mucho tiempo.

3

Saca el pollo a una fuente aparte y déjalo enfriar; después, separa la carne y desecha la piel y los huesos.

4

Pasa el caldo por un colador fino, guárdalo en un recipiente hermético grande (o dos) y deja enfriar unas horas antes de meterlo en el frigorífico.

5

Al día siguiente, retira la grasa acumulada arriba (también conocida como schmaltz de pollo) y resérvala para otros usos (puedes utilizarla como sustituto del aceite, ya que tiene un punto de humeo alto).

Caldo de pollo: con una carcasa

Este caldo puede ser el más o el menos laborioso de las tres recetas. El más laborioso si asas un pollo solo para hacer el caldo; el menos laborioso si usas la carcasa de un pollo que ya estaba asado y se ha consumido.

INGREDIENTES
Para 1,5 litros aproximadamente (6 tazas)

1 carcasa de pollo asado, a ser posible de corral

1 cda. de sal

1 cda. de vinagre de sidra de manzana

1 cda. de pimienta en grano

2 tallos de apio

2 cebollas o chalotas, sin pelar, partidas por la mitad

1 cabeza de ajos, partida por la mitad

2 hojas de laurel

5 ramitas de perejil fresco

2,5 litros (10 tazas) de agua fría

1

Coloca la carcasa de pollo o los huesos de un pollo asado entero (incluidas las patas y las alas que puedan haber quedado) en una olla o cacerola grande, junto con todos los demás ingredientes.

2

Lleva a ebullición, baja el fuego y tapa parcialmente. Cuece a fuego lento durante 8 horas o hasta que el líquido se haya reducido a la mitad (cuanto más se reduzca, más sabroso y nutritivo será el caldo).

3

Pasa el caldo por un colador fino y guárdalo en un recipiente hermético grande (o dos).

Caldo de pollo: este te da alas

¡ESTÁ CHUPADO!

Esta forma de hacer caldo es la menos engorrosa, quizá porque las alas son más pequeñas y familiares que un pollo entero.

El caldo resultante, aunque no esté tan rico, sigue siendo delicioso, nutritivo y bastante económico.

INGREDIENTES
Para 1,5 litros
aproximadamente
(6 tazas)

1 cda. de aceite de oliva

500 g de alitas de pollo, a ser posible de granja

1 cebolla pelada y picada

1 rama de apio picada

1 puerro picado

½ zanahoria picada

2,5 litros (10 tazas) de agua fría

1 cda. de sal

1 cda. de pimienta negra

2 hojas de laurel

1

Calienta el aceite de oliva en una olla grande a fuego medio y añade las alitas, la cebolla, el apio, el puerro y la zanahoria. Saltea durante unos 10 minutos o hasta que desprendan aroma, pero sin haberse dorado.

2

Añade el agua fría, la sal, la pimienta y las hojas de laurel, sube el fuego y lleva a ebullición. Retira la espuma que suba. Reduce a fuego medio y deja cocer durante al menos 2 horas (máximo, 6 horas).

3

Pasa el caldo por un colador fino y guárdalo en un recipiente hermético grande (o dos).

Caldo de ternera

Rico y lleno de energía, el caldo de ternera es el más sustancioso de todos y es ideal para preparar una sopa calentita en invierno.

INGREDIENTES

Para 2 litros aproximadamente (8 tazas)

2 kg de huesos de ternera alimentada con pasto y ecológica, a ser posible

2 cebollas peladas y cortadas en cuartos

2 zanahorias grandes peladas y cortadas en trozos grandes

2 tallos de apio cortados en trozos grandes

2 cdas. de aceite de oliva

3 hojas de laurel

3-4 ramitas de perejil fresco

1-2 ramitas de tomillo fresco

½ cdta. de pimienta negra en grano

2 cdas. de sal

3 litros (12 tazas) de agua fría

1

Precalienta el horno a 200 °C.

2

Coloca los huesos en una fuente de horno grande y ásalos durante unos 45 minutos dándoles la vuelta varias veces para que se doren uniformemente.

3

Añade la cebolla, la zanahoria y el apio picados y rocía con el aceite de oliva. Asa durante 1 hora más hasta que todo esté bien cocinado.

4

Pásalo con cuidado a una olla grande, añade las hojas de laurel, el perejil, el tomillo, los granos de pimienta y la sal, y cúbrelo todo con el agua.

5

Lleva a ebullición, quita la espuma que haya subido, reduce a fuego lento y cuece, parcialmente tapado, durante unas 4-6 horas.

6

Cuela el caldo con un colador fino y guárdalo en un recipiente hermético grande (o dos). Deja que alcance la temperatura ambiente y guárdalo en el frigorífico.

7

Al día siguiente, desecha la grasa sólida de la parte superior.

Caldo de verduras

Un todoterreno fácil, este caldo de verduras vegano está delicioso, es sabroso y económico y sirve tanto de base para otras recetas como para tomarlo solo.

INGREDIENTES
Para 1,5 litros aproximadamente (6 tazas)

1 cebolla sin pelar, lavada y cortada en cuartos

1 chalota sin pelar, lavada y cortada en cuartos

2 zanahorias grandes, cortadas longitudinalmente

3 cebolletas

70 g (1 taza) de champiñones portobello o de botón, cortados por la mitad

2 cdas. de levadura nutricional

2 cdas. de sal

1 cda. de pimienta negra

2 litros (8 tazas) de agua fría

1

Coloca todos los ingredientes en una olla o cacerola grande, lleva a ebullición y, a continuación, baja el fuego. Cuece durante 1 o 2 horas a fuego lento.

2

Pasa el caldo por un colador fino y guárdalo en un recipiente hermético (o dos).

Caldo de parmesano

¡QUÉ RICO!

El caldo de parmesano es rico, está cargado de umami, es fácil de hacer y resulta muy socorrido, ya que se aprovechan restos que habrían acabado en la basura (en este caso, las cortezas de parmesano).

INGREDIENTES
Para 1 litro aproximadamente (4 tazas)

2 cdas. de aceite de oliva

1 chalota, sin pelar, partida por la mitad

1 cabeza de ajo entera, partida por la mitad transversalmente

125 ml (½ taza) de vino blanco seco

2 litros (8 tazas) de agua fría

6 cortezas de parmesano

2 ramitas de romero

2 cdas. de pimienta negra en grano

2 hojas de laurel

2 cdas. de sal

1

Calienta el aceite en una olla o sartén grande a fuego medio-alto. Añade la chalota y el ajo, con el corte hacia abajo, y hazlos unos 3 minutos, hasta que estén ligeramente chamuscados.

2

Vierte el vino y deja hervir a fuego lento. Cuece durante 2 minutos, raspando los restos que se hayan quemado en el fondo de la olla.

3

Agrega el agua, las cortezas de parmesano, el romero, los granos de pimienta, las hojas de laurel y la sal. Lleva a ebullición, baja el fuego y cuece a fuego lento durante al menos 2½ horas, removiendo de vez en cuando, hasta que el caldo se reduzca a la mitad.

4

Pasa el caldo por un colador fino y guárdalo en un recipiente hermético (o dos). Utilízalo en tu receta preferida.

Esencia de tomate

Más esencia que caldo, este líquido ligero es como si metieras el intenso sabor del verano en una botella.

Va muy bien para hacer una sopa fría de fideos (¡e incluso para preparar martinis!).

EL VERANO EN UN CUENCO

INGREDIENTES
Para 500–750 ml aproximadamente (2–3 tazas)

600 g (3 tazas) de tomates, cortados en trozos grandes

1 tallo de apio, picado fino

1 chalota picada fina

1 diente de ajo, picado fino

Un puñado de hojas de albahaca, desmenuzadas

1 cda. de sal marina

2 cdas. de salsa ponzu (opcional)

Zumo de ½ limón

1

Mezcla los seis primeros ingredientes en un cuenco grande, cubre el cuenco con un paño de cocina y deja macerar durante 6 horas.

2

Transcurridas las 6 horas, tritúralo todo durante unos segundos en un procesador de alimentos hasta que quede bien picado, pero no pastoso.

3

Coloca un paño de cocina limpio sobre un cuenco grande y vierte la mezcla. Ata el paño por las puntas y cuélgalo en un lugar fresco (yo lo cuelgo del tirador de una ventana) durante 30 minutos, con el cuenco debajo para que la esencia de tomate caiga en él.

4

Añade el ponzu y el zumo de limón a la esencia recogida y agrega sal al gusto.

5

La pulpa se puede guardar en un recipiente hermético y utilizarla en un máximo de cinco días como si fuera una especie de chutney: ¡queda muy bien con burrata!

Caldo de champiñones

¡HOLA, UMAMI!

Con un rico sabor terroso y a umami, y colmado de micronutrientes, el caldo de champiñones es fácil de preparar y una maravillosa alternativa vegetal.

INGREDIENTES
Para 1,5 litros aproximadamente (6 tazas)

2 cdas. de aceite neutro

3 chalotas sin pelar, partidas por la mitad

50 g (2 tazas) de champiñones secos variados

2 ramitas de romero

5 hojas de salvia

2 hojas de laurel

1 cda. de sal o al gusto

1 cda. de pimienta negra en grano

2,5 litros (10 tazas) de agua

1

Calienta el aceite a fuego medio en una olla o sartén grande, añade las chalotas con el corte hacia abajo y rehógalas hasta que se chamusquen ligeramente.

2

Añade los champiñones, las hierbas, la sal, la pimienta y el agua, y deja cocer a fuego lento durante al menos 1 hora (un máximo de 3 horas).

3

Pasa el caldo por un colador fino y guárdalo en un recipiente hermético (o dos).

CAPÍTULO 9

Cuando hablamos de sopa, la textura es tan importante como el sabor. Por eso, los toppings crujientes y las guarniciones son cruciales. El pan o unos crackers como acompañamiento de un plato de sopa bien caliente son como los fieles secuaces de un héroe culinario, suponen una dosis extra de bienestar y transforman una simple sopa en una comida satisfactoria.

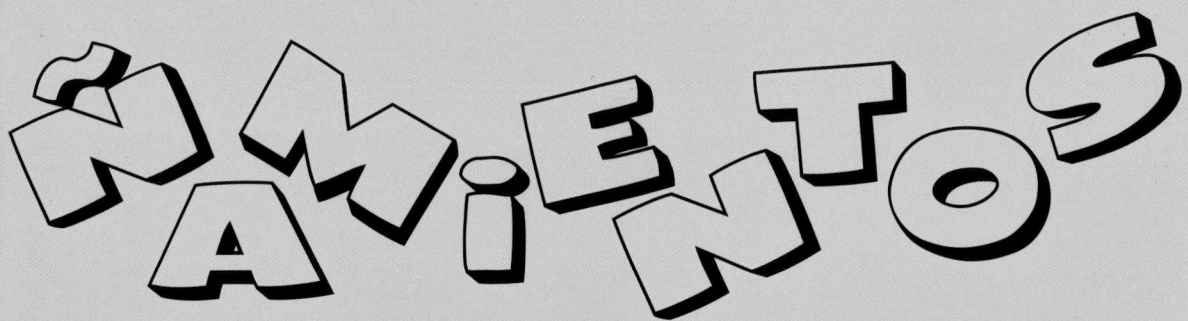

PICATOSTES DE HOJALDRE

Son divertidos y fáciles de hacer con hojaldre comprado. Los puedes usar como guarnición para la sopa o servidos sobre un puré de guisantes, como se muestra aquí.

Sácales partido a esos cortapastas y moldes de galletas que solo utilizas en Navidad y tienes olvidados en el fondo de un cajón.

INGREDIENTES
10 raciones

1 lámina de hojaldre preparado (comprado en la tienda)

1 huevo batido (opcional)

1
Precalienta el horno a 200 °C. Forra una bandeja de horno con papel de hornear.

2
Corta la lámina de hojaldre dándole formas variadas con los cortapastas o moldes de galletas que tengas a mano.

3
Coloca en la bandeja de horno y, si quieres, pinta cada picatoste con una capa de huevo batido usando un pincel de pastelería.

4
Hornea durante 15 minutos o hasta que estén dorados y crujientes. Se conservan durante 5 días en un recipiente hermético.

GRANOLA SALADA

Todo lo bueno de la granola crujiente, pero menos dulce y mucho más versátil. Espolvoréala sobre lo primero que se te ocurra para darle un toque crujiente y sabroso. A mí me gusta en un cuenco, con labneh y tomates, para un desayuno salado.

INGREDIENTES
10 raciones

125 g (1 taza) de copos de avena

60 g (½ taza) de mezcla de pipas de girasol y calabaza

70 g (½ taza) de mezcla de frutos secos, picados en trozos grandes

2 cdas. de semillas de sésamo

2 cdas. de semillas de lino molidas

1 cdta. de sal

1 cdta. de pimienta negra recién molida

2 ramitas de romero, solo las hojas, picadas

6 hojas de salvia picadas

60 ml (¼ taza) de aceite de oliva

1 cda. de vinagre balsámico

1

Precalienta el horno a 180 °C. Forra una bandeja de horno con papel de hornear.

2

Mezcla todos los ingredientes, excepto el aceite de oliva y el balsámico, en un cuenco grande.

3

Mezcla el aceite de oliva y el balsámico en un cuenco pequeño, incorpóralos a los ingredientes secos y remuévelos hasta que estén bien mezclados.

4

Pasa la mezcla a la bandeja de horno forrada. Con una cuchara grande, extiende bien para crear una capa uniforme.

5

Hornea durante unos 20 minutos o hasta que la granola esté crujiente y dorada, removiendo una vez a mitad de cocción.

6

Deja que la granola se enfríe del todo antes de usarla o guardarla en un recipiente hermético y consúmela en un plazo máximo de dos semanas.

CRUJIENTES DE VERDURAS

SÉ EL
HÉROE DEL
RESIDUO CERO

¿Estás pelando verduras? ¡Ni te acerques al cubo de basura!

Dale una nueva vida a las mondaduras que sueles tirar y conviértelas en crujientes de verduras.

Sírvelas con una sopa o prepara una salsa salada de yogur y aceite de oliva.

INGREDIENTES

4 raciones

1 taza de mondaduras de tubérculos (zanahoria, chirivía, patata, remolacha)

2 cdas. de aceite de oliva

Una pizca de sal

Una pizca de pimienta negra recién molida

1

Precalienta el horno a 180 °C. Forra una bandeja de horno con papel de hornear.

2

En un cuenco, mezcla las peladuras de las verduras con el aceite de oliva para que se impregnen bien, añade sal y pimienta y remueve para mezclarlo todo.

3

Extiende las pieles de verduras de forma uniforme sobre la bandeja de horno forrada.

4

Hornea durante unos 10-15 minutos, comprobando de vez en cuando que no se quemen los trozos más pequeños.

5

Saca del horno y deja enfriar antes de comer.

¡DELICIOSOS
CON HUMMUS!

Crujientes y apetecibles, estos crackers de semillas son perfectos tal cual o sazonados al gusto (por ejemplo, con escamas de guindilla, ajo en polvo, za'atar o furikake).

Son ideales para acompañar sopas, ensaladas o para mojar salsas.

INGREDIENTES

12 raciones

150 g (1 taza) de linaza entera

60 g (½ taza) de linaza molida

60 g (½ taza) de semillas de calabaza

60 g (½ taza) de pipas de girasol

80 g (½ taza) de semillas de chía

2 cdas. de cáscaras de psyllium*.

1 cdta. de sal

2 ½ tazas de agua tibia

2 cdas. de aceite de oliva

Posibles complementos: escamas de guindilla, za'atar, ajo en polvo o furikake

Se pueden encontrar en la mayoría de las tiendas de dietética y herbolarios.

1

Precalienta el horno a 150 °C. Forra dos bandejas de horno con papel de hornear.

2

Mezcla todos los ingredientes en un cuenco, excepto el agua y el aceite de oliva.

3

Vierte encima el agua tibia hasta cubrirlos, remueve para mezclar y deja reposar unos 20 minutos o hasta que la textura sea algo gelatinosa.

4

Añade el aceite de oliva (esto evitará que la mezcla se pegue al papel de hornear).

5

Extiende la mezcla sobre la bandeja con una espátula hasta obtener una capa fina y uniforme de unos 3 mm de grosor.

6

Hornea durante 15 minutos, saca y corta en trozos (cuadrados o triangulares). Vuelve a meterlos en el horno y hazlos durante otros 30-45 minutos o hasta que estén crujientes.

7

Sácalos del horno y déjalos enfriar antes de retirarlos con cuidado de la bandeja con una espátula ancha y fina. Los crackers se pueden guardar en un recipiente hermético un máximo de dos semanas.

CRACKERS DE GARBANZOS

La harina de garbanzos tiene un alto contenido en proteínas, fibra y micronutrientes, y con ella se obtienen unos deliciosos crackers salados y crujientes. Puedes acompañarlos con aceite de oliva o con semillas de calabaza.

INGREDIENTES
4 raciones

220 g (2 tazas) de harina de garbanzos

2 cdtas. de levadura en polvo

Una pizca de sal

2 cdtas. de aceite de oliva

120 ml (½ taza) de agua

PARA AROMATIZAR
(opcional)

2 cdas. de aceite de oliva

70 g (1 taza) de parmesano rallado

6 cdas. de furikake

1

Precalienta el horno a 200 °C y forra una bandeja de horno con papel de hornear.

2

Añade los ingredientes secos a un cuenco, incorpora el aceite de oliva y vierte poco a poco el agua hasta que se forme una masa. Amásala a mano hasta que obtengas una bola suave.

3

Coloca la bola de masa entre dos hojas de papel de hornear y extiéndela con un rodillo hasta que tenga unos 5 mm de grosor.

4

Retira la hoja superior del papel de hornear. Con un cuchillo afilado, corta la masa en cuadrados o triángulos y, a continuación, coloca con cuidado los crackers en la bandeja de horno.

5

Puedes untar los crackers con las dos cucharadas restantes de aceite de oliva y espolvorearlos con un poco de parmesano rallado o furikake.

6

Hornea durante unos 15 minutos o hasta que estén dorados y crujientes. Se conservan cinco días en un recipiente hermético.

BAGELS CON CUATRO INGREDIENTES

Las recetas con ingredientes del fondo de la despensa fueron muy populares durante la pandemia.

Dejando a un lado su popularidad, estos bagels son deliciosos y muy fáciles de hacer.

INGREDIENTES

4 raciones

125 g (1 taza) de harina y un poco más para espolvorear

½ cucharadita de sal

125-250 g (½-1 taza de yogur griego desnatado

1 huevo batido

PARA AROMATIZAR
(opcional)

Semillas de sésamo

Sal

Ajo seco

1

Precalienta el horno a 180 °C y forra una bandeja de horno con papel de hornear.

2

Echa la harina y la sal en un cuenco. Con una cuchara grande o una espátula, añade 125 g (½ taza) de yogur hasta que se forme una masa grumosa. Añade más, si lo crees necesario, hasta que alcance una consistencia no demasiado pegajosa.

3

Espolvorea un poco de harina en una tabla, vuelca la masa sobre ella y amasa a mano durante unos minutos, hasta que quede suave y elástica. Añade más harina si la masa está demasiado pegajosa.

4

Divide la masa en cuatro partes y forma bolas. Haz un agujero en el centro de cada bola y estíralas hasta obtener una forma de panecillo de tamaño uniforme. Colócalos en la bandeja de horno forrada.

5

Unta la parte superior de cada panecillo con el huevo batido y espolvoréalos con semillas, más sal y ajo seco (u otros aromatizantes).

6

Hornéalos unos 20 minutos y sube la temperatura del horno a 200 °C los últimos 3 minutos para que se doren por arriba.

7

Pueden disfrutarse recién salidos del horno mojándolos en sopa o bien como bagel para desayunar.

PAN DE SEMILLAS

IDEAL
PARA MOJAR

Con textura, sabor a nueces y sustancioso, este pan queda genial con un poco de mantequilla y un tazón caliente de sopa hecha puré.

INGREDIENTES
Para 1 pan (12 rebanadas)

100 g (1 taza) de copos de avena

55 g (½ taza) de harina de almendras (almendras molidas)

150 g (1 taza) de mezcla de semillas

40 g (¼ taza) de semillas de sésamo

90 g (⅔ taza) de mezcla de frutos secos sin picar (por ejemplo, almendras, pacanas, avellanas)

30 g (¼ taza) de linaza molida

2 cdas. de semillas de chía

3 cdas. de cáscaras de psyllium*

1½ cdtas. de sal

2 cdas. de sirope de dátiles

3 cdas. de aceite de coco derretido, más un poco para engrasar

375 ml (1½ tazas) de agua

*Se pueden encontrar en la mayoría de las tiendas de dietética y herbolarios.

1
Mezcla todos los ingredientes secos en un cuenco grande y remueve bien.

2
En otro cuenco pequeño, bate el sirope de dátiles, el aceite de coco y el agua.

3
Añade los ingredientes húmedos a los secos y mezcla hasta obtener una masa homogénea. Si la masa queda demasiado espesa, añade una o dos cucharaditas de agua.

4
Engrasa y forra un molde con papel de horno.

5
Vierte la masa en el molde preparado, aplana la parte superior y déjala reposar durante 2 horas.

6
Mientras tanto, precalienta el horno a 180 °C.

7
Hornea durante 30 minutos, saca del horno y desmolda. Vuelve a meterlo en el horno y hornéalo bocabajo, directamente sobre la bandeja, 30 minutos más.

8
Deja enfriar el pan por completo antes de cortarlo. Puede guardarse en un recipiente hermético un máximo de cinco días o congelarse hasta tres meses.

Una cucharada de agradecimiento para:

Todos los amigos que con tanta generosidad me prestaron sus fogones, oídos y papilas gustativas.

Mi familia, cuyo apoyo y ánimo incondicional han sido los condimentos secretos en mi viaje por la elaboración de sopas.

El cuento alemán *Suppenkasper*, que me inculcó la importancia de terminarme siempre la sopa.

Los muchos entusiastas de la sopa (y conversos a la sopa) que han probado mis recetas, me han inspirado y me han apoyado durante el trayecto.

Giada Mariani e Ines Somai Lasa, por su gusto impecable y por convertir cada página en un festín para la vista.

Celia Palazzo y Sam Heaton de Ebury, así como mi agente Oscar Janson-Smith, por ser increíblemente divertido trabajar con ellos y por su paciencia para darle vida a este concepto.

SOBRE LA AUTORA:

Theresa von Wangenheim es una creativa germano-estadounidense que vive y trabaja entre Londres y Múnich. Al principio compartía recetas en Instagram en paralelo a su trabajo diario, pero el proyecto cobró vida propia tras una colaboración con M Missoni. Desde entonces, ha aparecido en *Vogue UK* y en el *Sunday Times Style*, y sigue creciendo el número de sus seguidores en Instagram, @sssssoupsssss.

Título original inglés: *There's a Soup for That.*

Publicado originalmente en 2024 por Ebury Press, un sello editorial de Ebury Publishing. Ebury Press pertenece al grupo empresarial Penguin Random House.
© del texto: Theresa von Wangenheim, 2024.
Todos los derechos reservados.
© de las fotografías: Theresa von Wangenheim, 2024, excepto la fotografía de la autora en la página 191 © Chiara Bini, 2024.
Dirección de arte: Giada Mariani.
Diseño gráfico: Ines Somai Lasa.
Diseño de cubierta e interior: OSMO.
Theresa Von Wangenheim ejerce su derecho a ser identificada como autora de esta Obra de conformidad con la Ley de Derechos de Autor, Diseños y Patentes de 1988.
© de la traducción: Nieves Cumbreras Pérez, 2024.
© de esta edición: RBA Libros y Publicaciones, S. L. U., 2024.
Avda. Diagonal, 189 - 08018 Barcelona.
rbalibros.com

Primera edición: noviembre de 2024.

REF.: RPRA753
ISBN: 978-84-1132-792-3

DELEATUR · PREIMPRESIÓN

Impreso en Malasia - *Printed in Malaysia*

MIXTO
Papel | Apoyando la silvicultura responsable
FSC™ C018179